TRAVAUX D'INVESTISSEMENT

EXÉCUTÉS PAR

LES ARMÉES ALLEMANDES

AUTOUR DE PARIS

RELEVÉS

PAR UN ANCIEN ÉLÈVE D'UNE ÉCOLE SPÉCIALE

AVEC

CARTE D'ENSEMBLE & PLANS

TROISIÈME PARTIE

TEXTE

DE LA SEINE A LA BIÈVRE, — CHOISY-LE-ROI, —
THIAIS, — CHEVILLY, — L'HAY, — ORLY,
— VILLENEUVE-LE-ROI, — RUNGIS, — FRESNES-LES-RUNGIS.

PARIS
A. GHIO, LIBRAIRE-ÉDITEUR
Quai des Grands-Augustins, 41.
1873

TRAVAUX D'INVESTISSEMENT

EXÉCUTÉS PAR

LES ARMÉES ALLEMANDES

AUTOUR DE PARIS

TRAVAUX D'INVESTISSEMENT

EXÉCUTÉS PAR

LES ARMÉES ALLEMANDES

AUTOUR DE PARIS

RELEVÉS

PAR UN ANCIEN ÉLÈVE D'UNE ÉCOLE SPÉCIALE

AVEC

CARTE D'ENSEMBLE & PLANS

TROISIÈME PARTIE

TEXTE

DE LA SEINE A LA BIÈVRE, — CHOISY-LE-ROI, — THIAIS, — CHEVILLY, — L'HAY, — ORLY, — VILLENEUVE-LE-ROI, — RUNGIS, — FRESNES-LES-RUNGIS.

PARIS
A. GHIO, LIBRAIRE-ÉDITEUR
Quai des Grands-Augustins, 41.
1873

SIÉGE DE PARIS

1870-1871

ET TRAVAUX D'INVESTISSEMENT

TROISIÈME PARTIE

Défense du village de Choisy-le-Roi.

Le chemin de fer de Paris à Orléans longe la rive gauche de la Seine. En face de Choisy-le-Roi, il ne laisse entre lui et le fleuve qu'une distance de 1 ou 2^m. La voie avait été coupée par une barricade assez forte, qui se prolongeait à droite jusqu'à la rivière et à gauche jusqu'au mur d'enceinte de la manufacture de produits chimiques qui couvre le village de ce côté.

Cette barricade était établie à peu près à hauteur du milieu de la face est de l'usine. Le mur d'enceinte a 2^m environ de hauteur.

Les faces nord et ouest avaient été organisées très-solidement de manière que les défenseurs fussent à couvert même contre l'artillerie.

Le profil de défense était le suivant (fig. 1, planche I) : en arrière du mur, on avait creusé un fossé de 1^m50 à 2^m de profondeur et de 0^m70 à 1^m de largeur au fond, on avait rejeté la terre entre le fossé et le mur de manière à avoir, à hauteur de la crête, une épaisseur de 0m70 à 0m80 de terre. A 1m30 au-dessous de la crête, on avait préparé une banquette de 1m à 1m20 de largeur, de laquelle on descendait dans le fond du fossé par des gradins de 0m50 de largeur sur 0m50 de hauteur. Ces derniers étaient, comme on le voit, de dimensions différentes de celles des tranchées ordinaires françaises, de manière à ne pas reporter le fossé trop loin du mur. On peut remarquer également que les hommes étaient couverts dans le fond du fossé de 3m50 à 4m; mais il ne faut pas perdre de vue que ces défenses étaient dominées par le fort d'Ivry et par les batteries françaises établies dans les environs du moulin d'Argent-Blanc. L'artillerie, tirant sur ces travaux, avait peu de prise sur les défenseurs, et nous avons pu constater d'ailleurs le peu d'effet produit malgré l'énorme quantité de projectiles qui a été dirigée sur la ligne s'étendant entre la Seine et la route n° 51 ; nous n'avons remarqué que deux ou trois brèches où l'on avait remplacé le mur par des espèces de fraises; sur une partie de la face nord, l'enceinte était d'ailleurs formée d'une simple cloison en planches; dans ces deux cas, le système de défense était le suivant (fig. 2, pl. I) :

On avait creusé parallèlement au prolongement du mur, un fossé de 2m de largeur en haut et de 2m de profondeur. On avait placé en haut de l'escarpe une ligne de palissades, mais qui, au lieu d'être comme les fraises c'est-à dire inclinées de haut en bas, formaient un angle de 45 degrés avec le sol. Les palissades soutenaient une partie d'un parapet établi en arrière au moyen des terres prises dans le fossé dont on vient de parler, et dans un autre de 1m50 à 2m de profondeur et de 0m80 de largeur au fond établi en arrière. Cet épaulement avait 2m de hauteur et 1m d'épaisseur; à 1m30 au-dessous de la crête, était établie une banquette de 1m20 de largeur, de laquelle on descendait dans le fossé en arrière par des gradins semblables à ceux dont nous avons parlé pour la figure 1re; le parapet était disposé de façon à continuer l'épaulement établi derrière le mur. Nous croyons devoir appeler l'attention sur cette façon de disposer une ligne de palissades. L'obliquité les empêche d'être entièrement aux prises à l'artillerie comme celles qui sont disposées verticalement, soit sur la berme, soit en avant de la contrescarpe, etc.; il n'est pas possible de les détruire à coups de hache ou au moyen de pétards, puisqu'il faut avoir traversé le fossé pour les atteindre; elles ne diminuent pas comme les fraises la largeur du fossé, et le rendent au contraire plus difficile à franchir; enfin, et dans le cas où il y aurait lieu de se servir de grenades pour la défense, leur espacement, qui était de 0m15 à 0m20, et leur disposition telle qu'une des faces planes soit en dessous, c'est-à-dire de manière à présenter en l'air le sommet du triangle de section, ne pouvait en aucune manière empêcher l'usage de ce moyen de défense et lui laissait produire tout son effet.

Un chemin transversal réunit la route n° 51, ou la grande rue de Choisy au chemin de fer, en longeant le côté sud de la manufacture. Toute la défense de la partie nord-est du village se trouvait sur ce chemin ou en avant. La voie de la Rose venant du Petit-Vitry vient y aboutir à l'ouest de l'usine.

Au sud du même chemin et en face de l'usine dont on a parlé tout-à-l'heure, se trouve une manufacture de maroquins, dont les dépendances sont entourées par un mur de 2^{m} environ de hauteur, s'étendant depuis le chemin de fer jusqu'à une petite rue partant de celle de la Raffinerie et venant aboutir au chemin transversal à 10 ou 15^{m} à gauche de la voie de la Rose.

Entre cette petite rue et le chemin partant de l'extrémité ouest de la rue de la Raffinerie et allant aboutir à la route n° 51, à l'entrée du Petit-Vitry, le chemin transversal est bordé d'une ligne continue de maisons. En avant jusqu'au cimetière se trouvent des jardins potagers.

Le cimetière, comme on peut le voir sur la carte, ne s'étend pas jusqu'à la voie de la Rose, il existe donc un intervalle libre entre celui-ci et la première usine dont on a parlé. Pour couvrir cet intervalle, on avait profité du mur d'enceinte de la manufacture de maroquins, que l'on avait organisé de la même façon que celui de l'usine qui est en avant, jusqu'à la hauteur du bâtiment d'exploitation de cette dernière. Le chemin séparant les deux usines était fermé par une barricade. Des brèches étaient pratiquées dans les murs longeant le chemin afin de permettre les communications.

A droite de ces ouvertures, vis-à-vis le bâtiment d'exploitation de la première usine et en arrière du mur d'enceinte de la seconde, on avait préparé des abris casematés, sur une trentaine de mètres de longueur, dont nous donnerons la description ci-après.

A l'angle gauche de la manufacture de maroquins, et toujours vis-à-vis l'intervalle dont nous avons parlé, se trouvaient des emplacements pour deux pièces de canon (Batterie n° 1). L'épaisseur de l'épaulement en arrière du mur était d'environ 5^{m} ; les embrasures étaient faites au moyen de gabions ou de tonneaux remplis de terre, disposés verticalement de manière à avoir 0m50 à 0m60 d'ouverture intérieure et 2m d'ouverture extérieure; la hauteur de genouillère était d'environ 1m. Des brèches avaient été pratiquées dans le mur, en face des embrasures.

A quelques mètres à droite, se trouvait un abri blindé servant de magasin pour les munitions. Les pièces étaient amenées par le petit chemin dont nous avons parlé, conduisant du chemin transversal à la rue de la Raffinerie; une brèche suffisamment large avait été faite dans le mur d'enceinte longeant ce chemin, à 3 ou 4m en arrière des emplacements. Une coupure barrait le chemin à quelques mètres en avant de la brèche.

Les premières maisons situées à gauche de ce petit chemin étaient crénelées.

La ligne de défense se continuait par le mur d'enceinte du cimetière. Un treillage solidement établi partait de l'angle sud-est du cimetière et venait aboutir à côté de la batterie n° 1. Sur la moitié à peu près de la face sud du cimetière et sur presque toute la face est, le mur d'enceinte était percé de créneaux à environ 1m50 au-dessus du sol. Quant à la face nord, elle était organisée de façon à permettre le tir par dessus le mur, ou à hauteur d'appui comme celle de la manufacture. Une coupure barrait le chemin longeant le côté ouest du cimetière à peu près à hauteur du milieu de cette face, un peu en avant de la porte d'entrée. La ligne de défense se continuait entre le chemin du Petit-Vitry et la route n° 51 par des murs de jardin. Une brèche était pratiquée dans le mur longeant le chemin en face de la porte d'entrée du cimetière, de manière à permettre les communications.

Les murs se continuent pendant un certain espace le long de ce chemin, ils tournent ensuite à angle droit, puis se reportent en avant pour tourner de nouveau à gauche et aller rejoindre la route n° 51. Ces murs ont une hauteur d'environ 2m. Le système de défense était invariablement le suivant : dans les parties parallèles à la route n° 51, on avait simplement percé des créneaux à 1m50 ou 1m70 au-dessus du sol. Quant aux parties perpendiculaires, c'est-à-dire celles qui étaient directement opposées à l'artillerie assiégée, elles étaient organisées comme nous l'avons vu pour les murs de la manufacture de produits chimiques.

En outre, en arrière de ces parties, sur presque toute la longueur, on avait préparé des abris blindés de la façon suivante (fig. 3, pl. I) :

L'épaulement en arrière du mur avait les mêmes dimensions que dans la fig. 1re, ainsi que la banquette.

A peu près à hauteur du dernier gradin, c'est-à-dire à environ 4m du mur, on avait creusé le sol parallèlement à celui-ci, de manière à avoir une excavation de 2m à 2m50 de largeur au fond et 2m50 de profondeur. En arrière on avait creusé une deuxième excavation de 1m à 1m50 de largeur, mais de 2m seulement de profondeur. On avait établi des charpentes semblables à celles dont nous avons donné la description pour les abris situés sur les pentes sud du Montmesly. La charpente antérieure reposait sur le fond de la première excavation et avait 2m de hauteur. Quant à celle de l'arrière, elle reposait sur le fond de la deuxième partie et n'avait que 1m20 à 1m30 de hauteur, ce qui donnait 1m70 à 1m80 seulement de hauteur au-dessus du fond de l'abri.

En outre, elle était placée de façon à laisser le long de cette partie de l'abri et à l'intérieur une espèce de banquette de 0^{m}50 de largeur où les hommes pouvaient s'asseoir ou déposer leurs sacs. L'arrière de l'abri était fermé avec des planches clouées à la charpente. Le blindage était organisé de la façon suivante : sur les charpentes reposait une rangée de poutrelles espacées de 0^{m}20 à 0^{m}30 ; sur ces dernières reposait un plancher recouvert en grande partie de plaques de tôle ou de zinc de manière à boucher les interstices des planches ; par dessus se trouvait une rangée de rails de chemin de fer disposés tant plein que vide ; les rails étaient surmontés dans une partie de ces abris, de deux rangées de fascines disposées jointives et transversalement, et dans d'autres d'une seule rangée de saucissons. Enfin, par dessus le tout, se trouvait une épaisseur de terre amenant la partie supérieure à hauteur de la banquette. Sur le flanc gauche on avait conservé une épaisseur au moins de 3^m, de manière à couvrir l'abri contre les projectiles pouvant venir des hauteurs du moulin d'Argent-Blanc. A droite, l'épaisseur était un peu moindre.

Nous avons dit que la charpente de l'arrière reposait sur la seconde partie de l'excavation de manière à laisser une banquette intérieure de 0^{m}50 de largeur ; il en résultait qu'en dehors se trouvait une espèce de corridor non couvert également de 0^{m}50 ; c'est par ce corridor que se faisaient les mouvements. Chaque abri avait deux entrées de 1^m de largeur, situées, la première à 3 ou 4^m de l'extrémité droite et la deuxième à la même distance de l'extrémité gauche ; le corridor était continué en arrière jusqu'à environ une dizaine de mètres par des boyaux très-étroits ressemblant aux communications des batteries avec leurs abris à poudre ; il n'y avait cependant pas de magasins de munitions. Un système à peu près semblable était établi, comme nous le verrons, pour les tranchées qui se trouvaient en avant de Châtillon. Ces boyaux devaient avoir pour but de placer une ou plusieurs sentinelles qui pouvaient alors voir continuellement celles qui se trouvaient en avant, le long des murs, ce qui rentre d'ailleurs dans les règles de l'art militaire qui est que toutes les sentinelles doivent pouvoir communiquer entr'elles et avec les postes, non-seulement par la voix, mais encore et, surtout pour les sentinelles devant les armes, par la vue autant que possible, car il peut arriver des accidents qui empêchent une ou plusieurs de celles qui se trouvent en avant de se faire entendre, et cependant il est indispensable que le poste soit toujours couvert.

Au point où le dernier mur rejoignait la route n° 51 se trouve une maison carrée à un seul étage, de 7 à 8^{m} de longueur sur chaque face; de l'autre côté de la route, et en face, se trouve une autre maison.

Entre ces deux obstacles, la route était fermée par une coupure qui se composait d'un épaulement de 2 à 2^{m}50 environ d'épaisseur, et de 1^{m} à 1^{m}10 de hauteur, construit avec de la terre mélangée de pierres et de branches d'arbres; en avant était un fossé de 1^{m} de profondeur et de 1^{m}50 de largeur en haut; ce fossé était rempli d'abatis qui se prolongeaient à quelques mètres en avant, à droite et à gauche. En arrière se trouvait un petit fossé de 0^{m}20 à 0^{m}50 de profondeur et de 2^{m} de largeur qui se continuait, en contournant la maison de droite, de manière à aller rejoindre celui qui longeait le mur dont nous avons parlé. Cette dernière maison avait une cave dans laquelle était établi le poste chargé de la défense de la barricade. Pour la consolider et mettre le poste à l'abri des projectiles de l'artillerie, on avait placé dans la pièce du rez-de-chaussée de la maison deux épaisseurs de saucissons faits de la dimension exacte de la pièce et de 0m35 environ de diamètre. Chaque rangée était jointive, mais la deuxième était disposée transversalement par rapport à la première.

A gauche de la route n° 51, le village de Choisy-le-Roi est bordé par une ligne continue de murs d'environ 2m de hauteur aboutissant, après avoir formé divers saillants et rentrants, à la voie des Caves. La ligne de défense suivait les sinuosités formées par les murs extérieurs, mais, comme ceux-ci étaient dominés à très-courte distance par le prolongement du plateau de Villejuif, on avait simplement percé les murs de créneaux de 1m50 à 1m70 environ au-dessus du sol.

Tout le terrain qui se trouve en avant de Choisy-le-Roi est coupé de vignes, de jardins entourés de haies sèches ou vives, etc.; on avait eu bien soin de ne pas détruire tous ces obstacles qui gênaient beaucoup l'assaillant et faisaient l'office de défenses accessoires. Les avant-postes étaient situés en avant de Choisy, à peu près à hauteur de l'emplacement de la Gare-aux-Bœufs, qui ne présentait plus à la fin du siége qu'un amas de décombres. Sur la route n° 51, il n'y avait que deux sentinelles placées à environ 100 ou 150m en avant, derrière deux des gros arbres qui bordent celle-ci à droite et à gauche.

Défense du village de Thiais.

La défense du village de Thiais commence au mur d'une propriété qui longe le sud de la voie des Caves et se continue par une ligne de murs qui va aboutir à la route n° 67, au carrefour de cette dernière et du chemin de la Saussaye. Cette ligne, comme on le voit, monte sur le plateau et en suit la crête pendant environ 200^{m} pour redescendre vers la route n° 67. Pour les raisons que nous avons déjà données, tous les murs, à partir de la voie des Caves, jusqu'à 15 ou 20^{m} de celui qui couronne le plateau, étaient simplement percés de créneaux assez élevés pour ne pouvoir être embouchés. Mais, à partir de ce point, les murs d'enceinte des jardins entourant les fermes étaient organisés de la façon suivante (fig. 4, pl. I) :

En arrière du mur de 2^{m} à 2^{m}50 de hauteur, on avait creusé un fossé de 1^{m} de profondeur et de 3^{m} de largeur, et on avait rejeté la terre entre le fossé et le mur, de manière à avoir une épaisseur de 0^{m}50 à 0^{m}60 à hauteur de la crête. A 1^{m}30 au-dessous de celle-ci, on avait préparé une banquette de 1^{m} à 1^{m}20 de largeur de laquelle on descendait dans le fossé par des gradins ordinaires. On peut remarquer que malgré l'analogie qui existe entre ce système et celui qui avait été employé à Choisy-le-Roi, il existe une différence essentielle dans la profondeur et la largeur des fossés ; cette différence s'explique facilement par la considération que les murs ainsi organisés à Choisy-le-Roi pouvaient être battus par des batteries établies sur le plateau d'Argent-Blanc, qui les domine de plus de 30^{m} et à une faible distance, tandis que les murs de Thiais se trouvent à la même hauteur que le plateau ; on avait ainsi obtenu le même résultat par un travail moins difficile. On avait continué ce système de défense sur une quinzaine de mètres, le long de la face droite, afin de pouvoir battre une partie des pentes de ce côté, et surtout afin de pouvoir dominer quelques travaux pour l'infanterie et l'artillerie établis le long du chemin réunissant celui de la Saussaye à la voie des Bassins, en longeant le mur nord des fermes.

Afin d'avoir toujours sous la main et à couvert un nombre de défenseurs suffisant pour cette partie saillante qui était un point d'attaque naturel, on avait préparé, à peu près vers le milieu du mur d'enceinte de la ferme de droite et en arrière (fig. 5, pl. I), un abri blindé dans le genre de ceux dont nous avons vu la description à Choisy-le-Roi. Celui-ci avait 10m de longueur parallèlement au mur; il s'étendait ensuite vers la droite, suivant une direction faisant un angle d'environ 45° avec la précédente sur une longueur de 10m, et, enfin, directement en arrière, sur une longueur de 2m. Cet abri, comme on peut le voir sur la figure, avait 5m de largeur.

Un deuxième abri était établi près de l'angle de droite, formé par le mur nord de la ferme de gauche et par le mur de séparation de cette dernière avec la précédente; sa longueur était de 10m parallèlement au mur nord et de 4m seulement le long du mur perpendiculaire. Ce dernier n'était percé d'aucune ouverture, de sorte que la communication ne pouvait avoir lieu que fort en arrière. Aussi, chaque partie avait-elle ses défenseurs particuliers.

Entre le chemin de la Saussaye et la route n° 67 se trouve, un peu en avant des fermes dont nous venons de parler, le cimetière de Thiais formant un rectangle de 100m environ de longueur parallèlement au chemin de la Saussaye et de 50m de largeur. Ses faces est, nord et ouest, c'est-à-dire celle qui est tournée vers le chemin de la Saussaye, celle qui regarde la route n° 67 et celle qui réunit en avant les deux précédentes, étaient organisées de la façon suivante (fig. 6, pl. I) : A 1^m^10 ou 1^m^20 au-dessus du sol, on avait percé le mur de créneaux ; on avait creusé en avant un fossé de 2^m^ de largeur en haut et de 2^m^ de profondeur, puis on avait rejeté la terre entre le fossé et le mur de manière à avoir à hauteur des créneaux une épaisseur de terre de 1^m^80. Ce système, qui se rapproche des méthodes françaises, avait été d'ailleurs employé par l'armée allemande pour tous les cimetières où les tombes n'étaient pas assez éloignées du mur pour permettre de creuser les fossés à l'intérieur sans toucher aux cadavres.

La défense du village de Thiais se continuait de l'autre côté de la route n° 67 par les murs d'enceinte des jardins rejoignant après diverses sinuosités le chemin de Grignon. Tous ces murs étaient simplement crénelés de manière que l'assaillant ne pût emboucher les créneaux.

Intervalle entre Choisy-le-Roi et Thiais.

La défense des villages de Choisy-le-Roi et Thiais se reliait, en arrière de la voie des Caves, par une tranchée ordinaire.

A environ 100 ou 150^m^ en arrière de l'entrée du village de Choisy-le-Roi, et à peu près à la même distance à gauche, commençait une autre tranchée qui remontait les pentes du plateau en se portant un peu en arrière, venait couper la voie des Bassins, qu'elle suivait jusqu'à peu près 100^m^ en avant du chemin perpendiculaire au précédent et longeant la partie nord des fermes dont nous avons parlé.

Comme on peut le voir sur la carte, toute la partie

droite de cette tranchée était flanquée par une partie de la défense ouest du village de Choisy, et de telle sorte que l'assaillant l'ayant occupée ne pouvait s'y tenir à couvert. Pour flanquer la partie gauche, on avait établi, le long et en avant du chemin perpendiculaire à la voie des Bassins, une espèce d'ouvrage en terre d'un profil un peu plus fort que celui de la tranchée-abri, et on l'avait soutenu par deux batteries, une à droite (B. n° 2), dont le tir était dirigé sur le terrain en avant de Choisy, et une à gauche (B. n° 3), ayant vue sur le plateau en avant. La forme de ces deux batteries était la suivante (fig. 7 et 8, pl. I) : Un épaulement (fig. 7, pl. I) en forme d'arc-de-cercle dont la corde avait environ 8^{m} de longueur entre les crêtes intérieures, et la flèche 2^{m} seulement. Aux extrémités, l'épaisseur de l'épaulement n'était que de 1^{m} et celle-ci allait en augmentant de manière à être de 2^{m} à 2^{m}50 vers le milieu de l'arc. Les pièces tiraient en barbette. Le terre-plein était creusé suivant un plan incliné partant de la corde de l'arc et allant couper le prolongement du talus intérieur à 0^{m}20 au-dessous du sol ; le complément de terre nécessaire avait été pris dans un fossé concentrique de 0^{m}50 à 0^{m}60 de profondeur et d'environ 2^{m}50 de largeur moyenne.

Nous retrouvons toujours les principes parfaitement appliqués. La tranchée en avant ne donnait aucun couvert à l'assaillant ayant réussi à s'en emparer et procurait un flanquement aux deux villages voisins ; en outre les extrémités se terminaient à 150 ou 200^{m} des autres ouvrages, de manière que l'assaillant eût toujours à parcourir un certain espace tout-à-fait exposé au feu le plus vif du défenseur.

Défense du village de Chevilly.

La défense du village de Chevilly reposait en grande partie sur celle de deux parcs : celui qui est attenant au séminaire du Saint-Esprit vers le sud-est, et celui qui termine le village vers le nord-ouest.

Quelques murs crénelés couvraient l'espace qui s'étend entre eux, de concert avec ceux qui entourent une propriété au nord-est du dernier parc et d'autres longeant le chemin en arrière. Ceux-ci n'ayant que peu de hauteur permettaient le tir par dessus.

La défense du séminaire du Saint-Esprit était organisée sur une partie de la face qui longe la route n° 67, et sur toute la face tournée vers le carrefour des routes n°s 67 et 7. En face du point où débouche la rue du cimetière, le mur de 2^{m} à 2^{m}50 de hauteur avait été percé de grands créneaux à peu près circulaires ayant 0^{m}90 à 1^{m} de diamètre, et en face de chacun d'eux, sur la route n° 67, on avait creusé au pied du mur des trous demi-circulaires de 0^{m}70 à 0^{m}80 de profondeur et de 2^{m} environ de diamètre. Les créneaux et les trous étaient organisés de façon que les défenseurs qui se trouvaient en avant pussent rentrer au besoin par les ouvertures, mais de telle sorte que dans le fond du trou, l'assaillant ne pouvait tirer par les créneaux et s'il voulait profiter de ces ouvertures pour faire feu, il devait se placer juste en face et par conséquent s'exposer complètement à découvert au feu du défenseur.

En face de ces trous et dans l'intérieur du parc se trouve l'ancien château ; on avait relié le mur à cette construction par une tranchée oblique de la forme ordinaire, dont le tir était dirigé sur les ouvertures dont nous venons de parler. Quant au château on n'y avait fait aucun préparatif. Comme la distance entre la tranchée et le mur était peu considérable et que les ouvertures étaient très-larges, les défenseurs placés dans la tranchée pouvaient battre les débouchés de la rue du Cimetière et cette rue elle-même dans la plus grande partie de sa longueur.

A gauche, il n'y avait plus aucune défense sur cette face; mais à droite, elle recommençait au-delà des maisons d'habitation.

Sur la plus grande partie de l'intervalle qui s'étend entre les maisons et la face est tournée vers le carrefour dont on a parlé, le mur est renforcé en arrière par une épaisseur de 3 à 4^{m} de terre sur laquelle sont plantés des arbres. En arrière, la terrasse est longée par un fossé large et profond qui a dû fournir la terre nécessaire. Dans la partie ainsi renforcée, on avait simplement creusé en arrière du mur, qui ne dépasse le niveau du remblai que d'environ 0^{m}50, un fossé de 0^{m}70 à 0^{m}80 de profondeur et de 0^{m}70 de largeur au fond (fig. 9, pl. III), dont la terre avait été rejetée au pied du mur. Près des maisons d'habitation, le niveau du sol était le même à l'intérieur et à l'extérieur, c'est-à-dire que le mur n'était pas renforcé en arrière; on avait creusé un fossé de 1^{m} de largeur au fond, et l'on avait rejeté la terre en avant de façon à obtenir une banquette de 0^{m}80 à 1^{m} de largeur permettant le tir par dessus le mur.

La terrasse dont nous avons parlé se continue pendant quelques mètres le long de la face est, à partir du saillant qui est arrondi, et où se trouve un petit kiosque qui servait de poste d'observation.

Elle cesse ensuite au point où le mur change de direction ; alors recommence une nouvelle terrasse en arrière du mur dont la terre a été fournie par un fossé en avant de 1^{m} de profondeur et de 3^{m} de largeur au fond ; ce fossé est lui-même précédé d'une haie vive (fig. 10, pl. III).

Dans la partie qui se trouve près du saillant et qui est renforcée par une terrasse comme nous l'avons vu, la défense était la même que sur la face longeant la route.

Dans la partie du mur qui n'est pas renforcée, la hauteur de celui-ci, qui est de 3^{m}, avait permis d'établir deux étages de feu ; on avait d'abord percé des créneaux à 1^{m}40 ou 1^{m}50 au-dessus du sol par lesquels on pouvait tirer au moyen d'une petite banquette, et un échafaudage établi au moyen de tonneaux, etc., supportant des madriers, permettait de tirer par dessus le mur.

Enfin, la défense de la troisième partie était à peu près la même que celle dont nous avons vu la description pour la face longeant la route ; cependant le fossé n'était pas continu. Comme les arbres étaient assez gros pour couvrir les tirailleurs, on avait, la plupart du temps, fait un trou dans l'intervalle de deux arbres de manière à avoir aussi un ou plusieurs tirailleurs entre ces derniers (fig. 10, pl. 3).

Les bâtiments du séminaire forment une espèce de rectangle fermé. Perpendiculairement à la face longeant la route, et à droite, se trouve un bâtiment de forme rectangulaire en arrière duquel est situé le manège, et enfin partent à hauteur de ce dernier les bâtiments servant d'écurie ; les maisons d'habitation et d'étude occupent l'autre côté du rectangle.

Le long du bâtiment servant d'écurie on avait creusé un trou rectangulaire de 6^m de longueur parallèle au bâtiment, de 8^m de largeur et de 2^m de profondeur. On l'avait couvert par un blindage composé d'une rangée de rails surmontés de deux rangées d'arbres disposés jointifs et transversalement, le tout recouvert de 1^m à 1^{m}30 de terre. L'ouverture de cet abri était tournée vers le jardin ; on peut remarquer qu'il se trouvait couvert contre les projectiles à trajectoire tendue, par la maison qui longe la route et par le manège ; mais comme la distance de la batterie des Hautes-Bruyères n'était que d'environ 2000^m, on avait à craindre les projectiles à trajectoire courbe ou à tir plongeant ; aussi avait-on fait le blindage très-solidement.

Nous avons déjà vu que la face longeant la route est renforcée et que la terre avait été prise dans un fossé creusé en arrière et au pied; les Allemands avaient profité de cette excavation pour construire, sur presque toute la longueur de cette face, des abris qu'ils avaient blindés de la même façon que celui dont nous venons de donner la description.

Le bâtiment servant d'écurie, dont nous avons parlé, s'étend jusqu'à une centaine de mètres de la face longeant la route; un mur transversal de 1^{m}50 de hauteur réunit ce bâtiment à la face est. Ce mur avait été organisé en une deuxième ligne de défense, on avait, à cet effet, creusé un fossé en avant et on avait rejeté la terre au pied du mur, comme nous l'avons vu pour la ferme de l'Hôpital (fig. 57, pl. IX de la deuxième partie).

La face sud et la face ouest ont une organisation semblable à celle de la dernière partie de la face est, c'est-à-dire que le long du mur, à l'extérieur, se trouve un fossé dont la terre a servi à faire, à l'intérieur, une terrasse semblable, mais plus large, sur laquelle sont plantées deux rangées d'arbres. Le jardin occupe tout l'espace compris entre cette face sud et les bâtiments, il est planté d'arbres fruitiers; un petit vivier se trouve à l'ouest des écuries. On avait fait une ligne d'abatis de manière à relier les arbres fruitiers, et à former une ligne continue depuis le milieu à peu près de la face sud jusqu'au vivier et aux maisons. La terrasse qui se trouve le long du mur était fermée par une ligne de palissades dans laquelle on avait laissé une ouverture de 2^m environ, que l'on barrait au moyen d'un cheval de frise.

Au-delà de cette ligne se trouvaient, sur la face sud et sur la face ouest, des ponts très-larges, établis sur le fossé de manière à permettre aux renforts d'arriver facilement. Une grande partie du fossé était, d'ailleurs, organisée en abris casematés, permettant de loger une grande quantité de troupe d'autant plus nécessaire, qu'il fallait pouvoir défendre avec succès les batteries entre Chevilly et la Rue, dont nous verrons la description, et, par conséquent, les villages auxquels elles s'appuyaient; le travail pour la confection de ces abris avait été réduit de beaucoup puisque l'excavation existait à l'avance.

Le parc situé au nord-ouest du village était simplement crénelé à hauteur convenable.

Intervalle entre Thiais et Chevilly (1re ligne).

Le village de Thiais se relie à celui de Chevilly par la grande route n° 67, bordée de chaque côté par un fossé d'écoulement des eaux et par des arbres espacés de 4 à 5m. Le long de cette route avaient été établies trois batteries, savoir :

La première (B. n° 4) à 200m environ à l'ouest de Thiais et à 3 ou 4m au sud de la route. Elle se composait de deux pièces seulement; les emplacements étaient à peu près les mêmes que pour la batterie n° 2, fig. 2, planche 1 de la 2e partie. La seule différence était que les rampes, au lieu d'être dirigées obliquement l'étaient suivant la directrice. L'un des emplacements était à gauche du chemin qui, se détachant de la route n° 67, à l'entrée de Thiais, vient rejoindre la même route à 200 ou 300m de son point de départ; l'autre était à droite du même chemin.

La troisième batterie (B. n° 6) avait sa gauche appuyée au carrefour de la route nationale n° 7 de Paris à Antibes et de la route départementale n° 67 de Thiais à Chevilly; les emplacements étaient espacés, le long de cette dernière de 4 à 5m. Dans l'intervalle de deux arbres, on avait taillé le talus jusqu'à la hauteur de la ligne de ceux-ci et fait un revêtement en gazon appuyé à droite et à gauche aux arbres eux-mêmes; on avait ainsi préparé des emplacements permettant de tirer en barbette. Le fossé de la route avait été supprimé en face de ces emplacements; ceux-ci étaient espacés tant plein que vide. La différence de niveau du terrain environnant et de la route avait facilité considérablement ce travail.

Enfin la deuxième batterie (B. n° 5) était à peu près au milieu de l'intervalle qui s'étend entre les deux précédentes; elle était composée d'emplacements détachés situés parallèlement à la route n° 67 et à 10ᵐ au nord de celle-ci. Les emplacements étaient en forme d'arc-de-cercle et tout-à-fait semblables à ceux de la batterie n° 3, établie à l'est de Thiais.

Entre les batteries nᵒˢ 5 et 6, et à 3 ou 4ᵐ en avant de la route se trouve un réservoir, de forme circulaire, composé de deux parties : la première, en maçonnerie, a une hauteur de 3 à 4ᵐ, et un diamètre d'environ 10ᵐ; la deuxième était une simple cuve de tôle surmontant la première. La maçonnerie était percée de fenêtres rectangulaires de 0ᵐ60 à 0ᵐ70 environ de longueur, parallèlement au sol sur 0ᵐ30 à 0ᵐ40 de largeur. Toute la partie qui regarde Paris avait été renforcée à l'extérieur par un épaulement fait au moyen de terre prise dans un fossé concentrique. Aucun autre préparatif n'avait été fait, l'armée allemande n'avait pas l'intention de s'en servir comme d'un réduit, car elle ne pouvait tirer que par les petites fenêtres dont nous avons parlé; il est plutôt probable que ce réservoir servait à abriter un poste qui devait se porter, en cas d'attaque, dans le fossé de la route.

Depuis Thiais jusqu'au carrefour des routes nᵒˢ 7 et 67, cette dernière est un peu encaissée, de telle sorte que le fossé d'écoulement des eaux situé au nord, offre précisément à peu près la hauteur de 1ᵐ30, c'est-à-dire permet le tir à hauteur d'appui sans aucun travail préparatoire; en outre, les arbres dont nous avons parlé donnent encore plus de facilité.

Enfin le terrain en avant est complètement découvert et sans accident ; toutes ces circonstances eussent permis de résister pendant longtemps aux attaques dirigées sur ce point. Nous verrons d'ailleurs que cette ligne était fortement appuyée en arrière par un grand nombre de batteries dont nous donnerons la description.

Du carrefour des routes nos 7 et 67 à Chevilly, la route présente les mêmes avantages, de sorte qu'on n'avait fait non plus aucun travail dans cet espace.

Il y avait bien quelques petites tranchées en avant de la route n° 67, mais elles ne servaient que pour couvrir les avants-postes et couraient parallèlement aux lignes françaises à peu près à hauteur de la ferme de la Saussaye.

Intervalle entre Thiais et Chevilly (2e ligne).

Nous avons vu qu'une première ligne de défense était établie entre Thiais et Chevilly, le long de la route n° 67. Une deuxième courait en arrière de celle-ci, de manière à relier l'extrémité sud-ouest du premier de ces villages avec l'extrémité sud-est du séminaire du Saint-Esprit ou de Chevilly. Celle-ci se composait de batteries et de travaux pour infanterie.

A droite, à 150 ou 200m de Thiais, se trouvait une première batterie (B. n° 7), composée d'emplacements détachés de forme irrégulière.

Le premier est représenté par le croquis n° 1 (fig. 11, pl. II), qui se composait, comme on le voit, d'un épaulement presque en ligne droite BCD, auquel on a ajouté deux retours, l'un BA, de 4^{m} de longueur, partant de l'extrémité gauche, et l'autre CE, de 3^{m} seulement de longueur, et se détachant à 2 ou 3^{m} de l'extrémité droite. Cet épaulement (fig. 16 et 17, pl. II) avait à peu près 2^{m} d'épaisseur; les retours n'avaient qu'un mètre ainsi que l'extrémité de la partie CD. Quant à la hauteur, elle était variable. La terre nécessaire avait été fournie en partie par un fossé en avant de 2 à 3^{m} de largeur et d'une profondeur variant suivant le plus ou moins de hauteur qu'on avait donné à l'épaulement; le complément de terre nécessaire avait été obtenu au moyen de l'abaissement du terre-plein qui était creusé de 0^{m}20 à 0^{m}70, suivant la quantité de terre dont on avait eu besoin.

La partie CD, le retour CE et 7 à 8^{m} de la partie CB à partir du point C, avaient de 1^{m} à 1^{m}20 de hauteur au-dessus du terre-plein. Quant au reste de la partie CB et du retour BA, la hauteur au-dessus du terre-plein était de 2^{m}.

L'emplacement qui venait ensuite à gauche du précédent, est représenté par le croquis n° 2 (fig. 12, pl. II). Il se compose d'un emplacement en forme d'arc-de-cercle EFG semblable à ceux dont nous avons vu la description plusieurs fois. Du retour EF se détachait un épaulement brisé DCB, qui était terminé par un autre retour BA. L'épaisseur de l'épaulement était de 2^{m}, excepté pour les retours, où celle-ci était réduite à 1^{m}. La terre nécessaire avait été fournie en partie par un fossé en avant de 2^{m}50 à 3^{m} de largeur, et de profondeur variable, et l'on avait obtenu le complément en abaissant le terre-plein de quantités variables suivant les besoins.

La partie CDEFG avait une hauteur de 1^{m} à 1^{m} 20

au-dessus du terre-plein. Quant à la partie C B A, elle avait 2^m de hauteur.

Le troisième emplacement de la batterie n° 7 était absolument semblable à celui dont nous venons de donner la description; son extrémité gauche venait s'appuyer à un chemin encaissé qui, partant du milieu du village de Thiais, va aboutir à la route n° 186, à peu près à 200^m à droite de la Belle-Epine.

La partie basse de chacun de ces emplacements (fig. 17, pl. II) était destinée aux pièces; quant à la partie plus élevée (fig. 16, pl. II), elle avait pour but de fournir un abri soit aux caissons, soit aux avant-trains. Dans le terre-plein étaient réservés des plans inclinés pour placer les pièces.

L'intervalle entre l'emplacement de droite et le suivant était de 10 à 12^m, et entre ce dernier et celui de gauche d'environ 15^m.

De l'autre côté du chemin creux dont nous venons de parler, et à 5 ou 6^m en avant se trouvait un emplacement en forme d'arc-de-cercle de 5^m de corde et de 3^m50 à 4^m de flèche entre les pieds des talus intérieurs. L'épaisseur de l'épaulement était de 1^m à chacune des extrémités et de 2^m au milieu. La terre avait été fournie en partie par un fossé concentrique de 1^m50 de largeur aux extrémités et de 3^m au milieu; la profondeur de ce fossé était de 0^m30 à 0^m50; le complément de terre nécessaire avait été obtenu par l'abaissement du terre-plein suivant un plan incliné coupant le talus intérieur à 0^m30 au-dessous du sol. La hauteur de l'épaulement au-dessus du terre-plein était d'environ 1^m; la pièce tirait en barbette, il n'y avait pas d'excavation à droite et à gauche de la pièce comme cela a lieu habituellement.

A environ 15 ou 20^{m} à gauche, et à une dizaine de mètres en avant du chemin, se trouvait un deuxième emplacement absolument semblable au premier.

La proximité du chemin creux encaissé d'environ 2^{m}, avait fait juger inutiles les travaux faits dans les autres batteries pour la protection des avant-trains ou des caissons. On avait simplement taillé, de distance en distance, des rampes permettant de mouvoir les pièces ou les avant-trains à travers le chemin.

Le reste de la batterie n° 8 se composait de trois emplacements détachés dont nous allons voir la description. Le premier se trouvait à 15 ou 20^{m} à gauche du précédent; il se composait (croquis n° 3, fig. 13, pl. II) de deux emplacements A B C, G H K, en forme d'arc-de-cercle à peu près semblables à ceux dont nous venons de parler, et distants l'un de l'autre de 8^{m} environ : ils étaient réunis par un épaulement brisé D E F, de manière à avoir un abri pour les caissons et avant-trains.

Les parties A B C et G H K avaient une hauteur de 1^{m} à 1^{m}20, tandis que dans la partie D E F, la hauteur était de 2^{m} au-dessus du terre-plein. La terre nécessaire avait été prise dans un fossé en avant et dans le terre-plein abaissé.

L'emplacement suivant était de 10 ou 12^{m} à gauche du précédent (croquis n° 4, fig. 14, pl. II). C'étaient également deux parties en forme d'arc-de-cercle distantes l'une de l'autre de 8^{m} environ, que l'on avait réunies par un épaulement brisé. L'organisation était la même que pour le croquis n° 3.

Enfin le dernier (croquis n° 5, fig. 15, pl. II) était également formé de deux emplacements en arc-de-cercle, espacés de 8^{m} environ, mais réunis par un épaulement également circulaire de 3^{m} de flèche. L'organisation était absolument la même que pour les précédents.

L'espace occupé par la batterie n° 8, qui s'étend comme nous venons de le voir, à gauche du chemin de Thiais à la route n° 186, était d'environ 200^{m} ; elle se dirigeait un peu en avant vers une fabrique de poudrette ayant une de ses faces longeant la route n° 7, et située à environ 400^{m} au sud du carrefour de cette dernière et de la route n° 67.

L'intervalle entre la gauche de la batterie n° 8 et la face est de la fabrique était de 300 à 400^{m}.

On avait fait dans cet intervalle, de manière à flanquer la batterie n° 8 en même temps que la fabrique de poudrette, une espèce d'ouvrage de forme irrégulière et de profil faible. La partie droite de cet ouvrage était dirigée de façon à ne pouvoir être prise d'enfilade qu'en tirant par dessus le village de Chevilly ; il y avait une partie à peu près perpendiculaire à la route n° 7, dont l'enfilade n'était permise que par dessus le village de Thiais. Enfin un petit retour, à gauche, de quelques mètres seulement. La face de front était de 50 à 100^{m} en arrière et à environ la même distance à droite de la face est de la fabrique de poudrette. Son profil était un peu plus fort que dans les autres parties où il y avait une simple tranchée.

La fabrique de poudrette (fig. 18, pl. III) comprend une petite maison carrée, et la fabrique proprement dite, formant un long rectangle, dans l'angle nord-ouest duquel est situé la maison.

Les faces E D et L N ont chacune 30^{m} de longueur. La face nord E L a 2 ou 300^{m} environ de longueur, et est brisée en son milieu suivant une partie F G H K, dont F G et H K sont perpendiculaires à la face E L et G H parallèle à la même face.

Sur la partie E F G H K L N l'organisation défensive était la suivante (fig. 19, pl. III) : En avant du mur construit en briques, et n'ayant qu'une épaisseur de 10 à 20 c/m, on avait creusé un fossé de 3m50 de largeur et de 0m80 de profondeur, et l'on avait rejeté la terre entre celui-ci et le mur, de manière à obtenir une épaisseur de 2m à hauteur de la crête.

Une banquette de 1m à 1m20 de largeur était établie à 1m30 au-dessous de la crête, élevée de 1m70 seulement au-dessus du sol. Le complément de terre nécessaire avait été pris dans un fossé en arrière de 0m70 à 0m80 de largeur et d'une profondeur variable.

Quant à la face E D, il n'y avait aucun travail en avant, c'est-à-dire que l'on reprenait l'ancienne méthode suivie à Choisy, Thiais, etc. L'application en était possible sur cette face, à cause de l'éloignement des fosses, tandis qu'il n'en était pas de même dans les autres parties où les trous servant pour la fabrication n'étaient pas fort éloignés des murs.

Il y avait cependant une différence avec le système général, c'est qu'au lieu de tirer à hauteur d'appui ou par dessus le mur, on tirait par des créneaux élevés de 1m60 à 1m70 au-dessus du sol (fig. 20, pl. III). On avait pu obtenir ce résultat grâce à la hauteur du mur, qui était de 2 à 2m30; la partie P D a environ 0m30 d'épaisseur. En arrière du mur on avait creusé un fossé de 1m50 de largeur et de 1m de profondeur environ, et l'on avait rejeté la terre entre celui-ci et le mur, de manière à obtenir à hauteur des créneaux une épaisseur de 0m50 de terre. A 1m30 au-dessous se trouvait une banquette de 0m80 à 1m de largeur et de 0m40 de hauteur.

La maison servait au défilement des défenseurs de la face P D.

Enfin, pour donner une grande liberté de communications avec les derrières, on avait fait dans le mur de la face N D, de distance en distance, des ouvertures de 2 à 3^{m} de largeur, en ayant soin que les ouvertures extrêmes fussent à 10^{m} au moins des extrémités N et D. De cette façon, l'ennemi ayant tourné l'ouvrage, était obligé de se porter loin en arrière pour tirer à l'intérieur par ces ouvertures.

Pour appuyer cette fabrique et la relier avec le séminaire de Chevilly, on avait établi, perpendiculairement à la route n° 7, un redan dont la face B C de 60^{m} à 70^{m} de longueur était située sur le prolongement de la face N D de la fabrique et à l'ouest de la route n° 7. La seconde face B A du redan, de 25 à 30^{m}, était dirigée de façon que son feu pût flanquer le côté est du séminaire.

Le profil général était le suivant (fig. 21, pl. III) : Epaulement de 2^{m} d'épaisseur et de 1^{m}30 de hauteur, avec banquette en arrière et sur le sol, de 1^{m}20 de largeur ; en arrière de celle-ci était un fossé de 2^{m}30 à 2^{m}50 de largeur au fond, et de 0^{m}70 de profondeur. En avant était un autre fossé de 2^{m} environ de largeur, mais à deux profondeurs.

Au pied de l'escarpe, sur une largeur de 1^{m}, la profondeur était de 0^{m}70, et au pied de la contrescarpe, sur la même largeur, elle n'était que de 0^{m}20. Il n'y avait pas de trace d'abatis. Cette dernière partie avait donc plutôt pour but de fournir un complément de terre.

Nous verrons plus loin les deuxième et troisième lignes établies entre la Seine et la Bièvre.

Défense des villages de l'Hay et de la Rue.

Les villages de l'Hay et de la Rue forment un groupe de maisons, de jardins et de parcs présentant une enceinte extérieure continue.

Le village de la Rue est situé des deux côtés de la route n° 67, et celui de l'Hay des deux côtés de la route n° 66 ; ces deux routes se réunissent à l'ouest même des villages, de sorte que le carrefour est couvert par ces derniers, qui occupent en même temps le haut des pentes de la vallée de la Bièvre; ces deux points sont très-importants parce qu'ils occupent la gauche du champ de bataille et qu'ils commandent la vallée : aussi y avait-on accumulé des travaux défensifs aussi bien organisés que possible. Il est vrai que ceux-ci ont été facilités par un remblai naturel provenant de l'établissement du canal de dérivation des eaux de la Vanne. En certains endroits, les terres avaient été éparpillées, peut-être par les Allemands. Il en était ainsi pour la partie comprise entre le chemin de Chevilly à l'Hay et la route n° 67 de Chevilly à la Rue, c'est-à-dire en avant des batteries établies le long de cette route.

A partir du chemin de Chevilly à l'Hay, le remblai avait été conservé ; il avait 2 ou 3^{m} de hauteur et une épaisseur variant de 3 à 8^{m}. A côté du chemin on avait établi, en arrière du remblai, des traverses de 3 à 4^{m} d'épaisseur, de 7 à 8^{m} de longueur et de la même hauteur que le remblai : la terre nécessaire avait été prise dans des excavations longeant les traverses à droite et à gauche ; ces excavations avaient la même longueur que les traverses ; leur largeur était de 2^{m} et leur profondeur d'environ 1^{m} ; la distance entre les excavations était de 4 à 5^{m}, ce qui portait à 8 ou 9^{m} l'intervalle entre les traverses. Ces dernières étaient perpendiculaires au remblai et étaient au nombre de trois. Rien indiquait que des abris casematés y eussent été construits, car il est impossible d'admettre qu'il y en eût eu dans l'excavation à gauche des traverses, et les deux excavations étaient absolument semblables. Dans beaucoup d'endroits, il est vrai, les Allemands avaient culbuté une partie de leurs travaux aussitôt la prise de possession des forts ; mais nous croyons de préférence que ces traverses servaient à garantir les avant-trains des six pièces de la batterie n° 13, établie en première ligne, à gauche et à côté de la dernière tràverse. En face de la batterie, le remblai se trouvait très-épais ; on avait taillé chaque emplacement de pièce de manière à laisser entre chacun d'eux une traverse d'au moins 2^{m} d'épaisseur; la largeur de chaque emplacement de pièce était de 4^{m}, chacun de ces derniers était creusé de 0^{m}20 ; l'épaisseur du remblai conservé pour former épaulement était de 2^{m}50 ; mais comme cette batterie faisait un angle d'à peu près 45 degrés, avec la direction du remblai, l'épaisseur réelle était beaucoup plus considérable. En face de chaque emplacement de pièce était établie une embrasure oblique comme nous venons de le dire, de manière à permettre le tir sur la redoute des Hautes-Bruyères ; la hauteur de genouillère était d'environ 1^{m}, l'ouverture intérieure était très-étroite (0^{m}50 au plus) ; les joues étaient formées par des talus que la nature des terres avait permis de tenir assez raides ; l'ouverture extérieure était très-large (3^{m} environ).

Le remblai se continuait pendant quelques mètres

encore, puis il cessait à peu près à hauteur du mur d'une propriété qui se trouve à droite de l'Hay et qui est longée par la route n° 66 ; un chemin couvert de 1^m30 de profondeur et de 1^m de largeur au fond, dont la terre était rejetée en avant à une hauteur de 1^m, réunissait la gauche de la batterie à l'extrémité sud-est de la propriété dont nous venons de parler ; une ouverture faite dans le mur sud, à 7 ou 8^m de l'angle, permettait l'accès dans la propriété. Les murs est et nord de celle-ci étaient organisés de la façon suivante : en arrière du mur on avait creusé un fossé dont on avait rejeté la terre au pied du mur, de manière à former une banquette de 0^m80 de largeur à 1^m10 au-dessous de créneaux pratiqués dans le mur. Il n'est pas besoin de répéter pourquoi des créneaux avaient été faits de préférence à la méthode habituelle, les remblais de la Vanne permettant un couvert à courte distance l'expliquent assez.

Le remblai recommençait à hauteur de l'angle nord-est de cette propriété, et allait couper la route n° 66 à 50 ou 60^m en avant. La hauteur du remblai était alors d'environ 4^m, et son épaisseur de 5 à 6^m. Sur tout cet intervalle, on avait taillé, à 1^m30 au-dessous de la crête, une banquette de 1^m20 environ de largeur; mais, comme on peut le voir, cette partie est enfilée directement par le fort de Montrouge; aussi, pour couvrir les défenseurs contre les feux de ce fort, on avait établi, à peu près perpendiculairement au remblai, trois traverses distantes entr'elles de la longueur convenable pour le défilement. La première, à droite, avait 4^m seulement de longueur, et 2 à 3^m d'épaisseur, la terre nécessaire avait été fournie par des excavations faites à droite et à gauche; la deuxième avait 8^m de longueur et 4^m d'épaisseur; enfin la troisième, qui longeait la route n° 66, avait 12^m de longueur. Il est facile de s'expliquer la raison pour laquelle les traverses n'avaient pas la même longueur. En cas d'attaque, les défenseurs de chaque intervalle entre les traverses se mettaient à couvert derrière chacune d'elles contre les feux de l'artillerie assaillante, il n'était besoin que de quelques sentinelles observant la marche de l'ennemi, et lorsque l'infanterie arrivait à portée et forçait ainsi l'artillerie à cesser son feu, les défenseurs pouvaient garnir les banquettes.

Le remblai se prolongeait de l'autre côté de la route n° 66, et allait couper le chemin de l'Hay à Paris, en avant du cimetière, mais son profil était beaucoup moindre.

Une tranchée partait à quelques mètres en avant, en laissant un passage de 2 à 3^m entre elle et le remblai, qui n'avait plus alors que 3^m d'épaisseur et se prolongeait presque perpendiculairement au chemin. En face du cimetière on avait établi un abri blindé, et on avait dû renforcer le remblai au moyen d'un fossé établi en avant et en creusant en même temps un peu le sol en arrière; cet abri était couvert à gauche par une traverse de 4 à 5^m d'épaisseur et de 4^m environ de longueur perpendiculairement au remblai qui allait ensuite couper le sentier des Frettes. En ce point se trouvait une autre traverse de 6^m de longueur et de 4^m d'épaisseur. Le remblai cessait alors et était remplacé par une simple tranchée ordinaire, qui descendait les pentes à peu près perpendiculairement à la Bièvre jusqu'à une vingtaine de mètres du chemin des Saussayes; là, la tranchée retournait perpendiculairement en arrière sur une longueur de 6 à 7^m, elle se dirigeait de nouveau vers la Bièvre sur une longueur de 8 à 10ᵐ, puis retournait en arrière; mais comme cette direction était perpendiculaire à la ligne d'attaque, les Allemands avaient établi tous les 6 à 7ᵐ des espèces de petites traverses perpendiculaires à la direction; on avait simplement creusé un fossé de 1ᵐ à 1ᵐ20 de largeur et de 1ᵐ de profondeur, on avait rejeté la terre en avant de manière à couvrir les hommes à environ 2ᵐ; ce système ne se prolongeait d'ailleurs que sur une très-petite étendue.

Pour couvrir le terrain s'étendant depuis le saillant, presque sur le plateau, jusqu'à la Bièvre, on avait profité d'une maison entourée d'un jardin fermé par un mur, et située à environ 250 ou 300ᵐ du coude du chemin de grande communication de l'Hay à Arcueil. De cette maison partait, en remontant les pentes, de manière à découvrir la route le plus longtemps possible, c'est-à-dire obliquement en avant, une tranchée qui retournait ensuite vers la droite en remontant directement la pente pour se reporter en arrière, de manière à être flanquée par la ligne de défense établie le long du canal de dérivation.

A gauche, une barricade fermait la route, et une tranchée descendait jusqu'à la Bièvre. La maison était crénelée ainsi que les murs est, nord et ouest du jardin; le premier flanquait la tranchée à l'est de la route, le dernier entre la route et la Bièvre, et la partie nord croisait ses feux avec la tranchée est. De distance en distance le fossé était élargi et approfondi sur une longueur de 8 à 10ᵐ, et la terre rejetée en avant, de manière à former des abris contre les projectiles de l'artillerie.

Nous avons vu qu'en arrière du canal de dérivation de la Vanne, couraient des murs d'enceinte de jardins formant une ligne continue jusqu'au chemin d'Arcueil. Ce dernier était un peu en déblai au coude qu'il fait en sortant de l'Hay. Il en résultait donc une ligne de défense naturelle entre le coude et le sentier des Mamies; à gauche du sentier et en avant de la route se trouve une maison entourée d'un jardin clos de murs; au deuxième coude est une autre maison située en arrière de la route et précisément disposée de façon à enfiler celle-ci; enfin à côté et à gauche se trouve une espèce de ferme qui se lie à la Bièvre par une haie vive assez forte, décrivant diverses sinuosités et barrant par conséquent tout l'intervalle entre le chemin et la rivière. Ces diverses maisons avaient été crénelées. L'Hay avait été mis en état de défense sur toute sa longueur; une deuxième ligne se trouvait donc très-solidement organisée en arrière de la première.

La défense de l'Hay se reliait à droite à celle de la Rue par des murs longeant le chemin faisant communiquer les deux villages de ce côté. Ceux-ci avaient une hauteur d'environ 1^{m} sur la plus grande partie du parcours; dans d'autres endroits, où ils étaient plus élevés, on avait simplement fait des créneaux.

La ligne de défense rejoignait ainsi le mur d'enceinte du jardin situé en avant et le long de la route n° 67, sur la face droite duquel s'appuyait l'extrémité gauche de la batterie n° 11. Ce mur était crénelé sur les faces nord et est. Cette dernière flanquait les batteries, et l'autre la ligne de murs dont on vient de parler, réunissant l'Hay à la Rue.

Au sud de la route, en face du précédent, se trouve un autre jardin dont la face droite et une partie de la face longeant la route avaient été mises en état de défense au moyen de créneaux.

A gauche, l'intervalle entre l'Hay et la Rue est couvert par un grand parc longé par les routes n°s 66 et 67. Le mur ouest de ce parc a près de 4^{m} de hauteur au-dessus de la route, mais il sert de mur de soutènement, et la hauteur au-dessus du sol intérieur n'est guère que de 0^{m}50 à 0^{m}60 sur presque toute la longueur. Toute cette face ouest avait été organisée de la même façon que la face nord du séminaire de Chevilly, c'est-à-dire qu'on avait creusé une tranchée dont on avait rejeté la terre au pied du mur, de manière que le défenseur fut couvert à 1^{m}30 environ.

Non loin de cette face se trouve une petite mare, à côté de laquelle on avait établi une batterie de bombardement (B. n° 14). Les travaux de celle-ci étaient peut-être les plus sérieux qui eussent été construits. L'épaisseur de l'épaulement était de 5 à 6^{m} ; elle était pourvue d'abris pour les munitions et les hommes, et tout était parfaitement organisé.

Afin de pouvoir communiquer plus facilement et à l'abri avec les derrières, on avait construit un chemin couvert d'environ 2^{m}50 de largeur et de 1 à 2^{m} de profondeur, partant en avant de la maison qui occupe l'angle sud-est du parc, et se prolongeant à peu près parallèlement aux travaux français jusqu'à la batterie. Ce chemin couvert était d'ailleurs entièrement caché à l'assiégé par le village de l'Hay.

Un petit chemin creux part du coude que fait la route n° 67, pour aller rejoindre la route n° 66, et va se réunir à cette même route au coude suivant ; il occupe ainsi la base du triangle formé. Ce chemin est une ligne de défense naturelle. La route elle-même est d'ailleurs bordée d'arbres, et un peu encaissée, de sorte qu'une double ligne de défense réunissait le parc au moulin de l'Hay, dont on avait crénelé les murs.

Nous pouvons ajouter en outre que l'intervalle entre la Bièvre et l'Hay était fermé le long du chemin de la Cosarde par une haie vive très-épaisse, fermant la face sud du grand enclos dont nous avons parlé. En outre, en arrière de la haie, entre celle-ci et le chemin, se trouve un fossé naturel de 0^m50 à 0^m60 et quelquefois 1^m de profondeur, qui servait de ligne de défense. On voit donc que cet intervalle était suffisamment défendu tant par la nature du terrain que par les travaux artificiels.

Intervalle entre Chevilly et la Rue.

L'intervalle entre Chevilly et la Rue était couvert le long et en avant de la route n° 67 par trois batteries de bombardement de 6 pièces chacune. La première (B. n°9) était à peu près à 50^m à gauche du parc situé au nord-ouest de Chevilly ; elle avait environ 80^m de longueur et était établie suivant le système des batteries enfoncées, dont nous avons déjà donné la description (fig. 1 à 10, pl. I et II, première partie). Il y avait cependant quelques petites différences résultant de la forme du terrain qui est plat ; l'épaulement avait environ 5^m d'épaisseur sur 2^m de hauteur au-dessus du terre-plein qui n'avait que 0^m50 à 0^m60 de profondeur ; il était en grande partie formé de corps d'arbres abattus le long de la route. Les embrasures étaient construites de la façon ordinaire avec 1^m20 ou 1^m50 de hauteur de genouillère ; en avant était un fossé de 4^m de largeur et et de 1^m50 à 2^m de profondeur ; à droite et à gauche de la batterie se trouvaient des abris soit pour les hommes, soit pour les munitions; des traverses légères, c'est-à-dire devant plutôt servir comme pare-éclats, étaient établies entre les pièces. Une tranchée réunissait cette batterie au mur du parc à l'ouest de Chevilly et fournissait ainsi un flanquement à ce dernier.

La deuxième batterie (B. n° 10) avait sa gauche à hauteur du cimetière de la Rue, et était organisée de la même façon que la première.

Enfin, la troisième (B. n° 11), arrivait à une vingtaine de mètres du mur d'un jardin du village de la Rue; sa forme était absolument la même que celle des deux précédentes. L'espace occupé par chacune d'elles était d'environ 80^{m}.

Toutes ces batteries étaient reliées par des chemins couverts de 2^{m} environ de largeur et de 1^{m} de profondeur. Leur tir était dirigé sur les Hautes-Bruyères, le fort de Bicêtre et Paris.

L'intervalle entre les batteries 9 et 10 était couvert à une vingtaine de mètres en avant par un épaulement circulaire d'une vingtaine de mètres de longueur, de 1^{m}50 d'épaisseur et de 1^{m} seulement de hauteur. La terre nécessaire avait été prise dans un fossé en avant de dimension suffisante.

Le parapet pouvait servir à couvrir de l'artillerie de campagne ou de l'infanterie, mais aucune trace ne lui assignait une destination de préférence à l'autre.

Un feu de mousqueterie partant de cet endroit pouvait battre les deux saillants en avant du rentrant dans lequel sont situées les batteries, puisque la distance qui les sépare n'est que d'environ 500^{m}. D'autre part, il flanquait la ligne de défense établie le long de la conduite d'eau dont nous avons vu la description.

Pour couvrir l'intervalle qui avait été laissé entre la gauche de la batterie n° 11 et le mur d'enceinte du jardin de la Rue dont on a parlé, on avait appuyé au mur un redan dont chaque côté avait 7 à 8^{m} de longueur et dont le côté gauche était perpendiculaire au mur lui-même. Un autre redan s'appuyait à la gauche de la batterie n° 11, la face droite du dernier était dirigée de façon que son feu put couvrir le terrain en avant de l'épaulement circulaire dont nous avons parlé. Enfin un autre épaulement circulaire couvrait le passage laissé entre la face gauche du redan de droite et la face droite du redan de gauche, et en laissant un passage de 3^{m} environ entre ses extrémités et les redans; le profil de ces derniers et de l'épaulement était le même que celui de la tranchée ordinaire.

Tout cet intervalle était couvert par une forte ligne d'abatis obtenus au moyen des arbres longeant le chemin de Chevilly à l'Hay.

Enfin, pour appuyer ces défenses, on avait établi à une cinquantaine de mètres en arrière de la route, entre le chemin de Fresnes à Chevilly et le cimetière de la Rue, une batterie de 6 pièces de campagne (B. n° 12) composée d'épaulements circulaires détachés, de 4^{m} de corde et de 3^{m} de flèche. Ces épaulements avaient environ 1^{m}30 de hauteur et 1^{m}50 d'épaisseur. Comme le terrain ne donne pas de commandement naturel, on n'avait pas creusé l'emplacement des pièces; et toute la terre nécessaire avait été prise dans un fossé concentrique dont la largeur variait de 2^{m} à 3^{m}50 et la profondeur de 0^{m}30 à 0^{m}50.

A droite et à gauche de l'emplacement de la pièce, on avait creusé des trous rectangulaires de 0^{m}50 de profondeur, 1m50 à 2m de longueur et 0m70 de largeur; de petites embrasures ordinaires ayant 1m de hauteur de genouillère, étaient pratiquées pour chaque emplacement. Quelques abatis couvraient cette batterie.

A gauche de la batterie n° 12, en arrière et le long de la route, se trouve le cimetière de la Rue dont les murs n'ont guère que 1m50 de hauteur; on les avait un peu écrété sur les faces nord, est et ouest, de façon à permettre le tir par dessus ou à hauteur d'appui.

De la Seine vers Choisy-le-Roi à la vallée de la Bièvre (2e ligne).

De Choisy-le-Roi partent, vers l'ouest, c'est-à-dire vers la vallée de la Bièvre, deux grandes routes : la route départementale n° 67, passant par Thiais, Chevilly et la Rue, le long de laquelle était établie la première ligne dont nous avons vu la description, et la route nationale n° 186 partant du sud de Choisy, passant par la Belle-Epine, en avant de Rungis et de Fresnes, et allant couper la Bièvre à Bernis. Le long de cette dernière route était établie une deuxième ligne de défense dont une partie ne servait guère qu'à appuyer la première (entre la Seine et la route nationale n° 7), et une autre partie composée d'une ligne d'ouvrages détachés formant un deuxième obstacle réel (entre la route n° 7 et la Bièvre.)

En partant de Choisy-le-Roi, la route n° 186 grimpe les pentes est du plateau entre la Seine et la Bièvre, mais suivant la loi générale, ces pentes, d'abord légères, atteignent un chiffre tel que si on les gravissait directement, ou même suivant la direction de la première partie, la pente de la route serait de beaucoup supérieure à la limite maximum admise dans les pays ordinaires (0^m02 par mètre) pour les voies de communication, aussi avait-on fait décrire à la route un demi-cercle qui lui avait permis d'arriver sur le plateau sans s'écarter de la règle générale. La route reprenait ensuite sa direction sur le prolongement de la première partie jusqu'au carrefour de la Belle-Epine. De 50 à 100^m en avant de ce demi-cercle, était établie une batterie de campagne (B. n° 15) de 6 pièces, à emplacements détachés. Chacun d'eux était en forme d'arc-de-cercle ayant les dimensions suivantes : la corde, entre les pieds des talus intérieurs, était de 6^m50 et la flèche de 4^m50. Le profil était le suivant : le terre-plein était un plan incliné de la longueur même de la flèche, et de 0^m20 à 0^m30 de profondeur au pied du talus intérieur opposé à la corde; celui-ci était sans revêtement, et par conséquent, on lui avait donné la pente la plus roide possible, mais telle que les terres pussent cependant se maintenir d'elles-mêmes; la hauteur de l'épaulement était de 1^m, ce qui portait de 1^m20 à 1^m30 la hauteur au-dessus du terre-plein ; l'épaisseur était de 2^m50, la pente de la plongée était ordinaire, le talus extérieur à la pente naturelle des terres, se prolongeait sans berme jusqu'au fond d'un fossé de 4 à 5^m de largeur, de 0^m40 de profondeur au pied de l'escarpe et 0^m30 seulement au pied de la contrescarpe.

Aux extrémités de l'arc-de-cercle, l'épaulement était réduit à 0^m60 seulement d'épaisseur et à 0^m80 de hauteur ; le talus extérieur se prolongeait de même sans berme jusqu'au fond d'un fossé à section triangulaire de 0^m20 de hauteur et de 4^m de base.

La hauteur que nous avons donnée pour la partie de l'épaulement tournée vers l'assaillant, était, bien entendu, celle qui existait à droite et à gauche des petites embrasures de 0m20 à 0m30 de profondeur qui sont dirigées suivant la flèche, de sorte que la hauteur de genouillère était réduite à 0m90 ou 1m.

A 0m20 des pieds des talus intérieurs et à hauteur des extrémités de la partie postérieure de l'épaulement, on avait fait, de chaque côté, des trous rectangulaires de 1m de longueur parallèle à la flèche, 0m80 de largeur et 0m50 de profondeur (voir batterie n° 3, fig. 7 , pl. I). On peut remarquer que ces trous ne pouvaient pas avoir le but de couvrir les servants, comme cela arrive pour la plupart des batteries, puisque leur extrémité antérieure était à 2 ou 3m en arrière de la crête couvrante. On ne peut guère leur assigner qu'un but, c'est de fournir une quantité de terre suffisante pour parfaire l'ouvrage.

En général, d'ailleurs, dans toutes les batteries de campagne, on peut croire que l'abaissement du terre-plein et le fossé en avant, quand il y en avait, fournissaient la terre nécessaire à la construction d'un épaulement permettant le tir en barbette, et que les trous creusés entre les pièces, qui pouvaient n'être faits que plus tard, et si l'on en avait le temps, étaient calculés de façon à fournir la quantité de terre nécessaire pour les petites élévations au milieu desquelles on laissait un intervalle qui produisait l'embrasure.

En effet, on voit presque toujours les dimensions de ces excavations à peu près proportionnelle aux intervalles entre les pièces et à la profondeur de l'embrasure. Quelquefois aussi, ces trous ont fourni la terre nécessaire à l'établissement de traverses, toutes choses, embrasures et traverses, qui ne se font que si l'on a le temps suffisant.

Une deuxième batterie (B. n° 16), absolument semblable à la précédente, se trouvait à la même distance en avant de la route n° 186, à peu près au milieu de l'intervalle entre la batterie n° 15 et la Belle-Epine.

Une troisième (B. n° 17), toujours de même forme, se trouvait à 10 ou 15^{m} seulement en avant de la route, et à une centaine de mètres à l'est de la Belle-Epine.

Le carrefour de la Belle-Epine (fig. 22, pl. IV), ou des routes nationales n° 186 et 7, se trouve de 1500 à 1800^{m} au sud de celui de la dernière et de la route départementale n° 67 dont on a parlé.

L'angle nord-est du carrefour est occupé par une maison servant de ferme et d'auberge, de 40^{m} environ de longueur parallèle à la route n° 7, et de 25 à 30^{m} de largeur. A une dizaine de mètres à droite, se trouve, le long et en avant de la route n° 186, une autre petite maison ayant 10 à 15^{m} de longueur parallèle à la route et 7 à 8^{m} de largeur.

L'angle sud-ouest est occupé par un assemblage de maisons, de cours et d'écuries présentant une face de 20^{m} le long de la route n° 186 et une de 15 à 18^{m} le long de la route n° 7.

Enfin, à 25 ou 30^{m} au sud de la route n° 186 et le long de la route n° 7, se trouve une maison entourée d'un jardin présentant une face perpendiculaire à la route d'environ 20^{m}, et une autre d'environ 15^{m}.

La mise en état de défense du carrefour de la Belle-Epine était dès lors facile à organiser. La maison située à l'angle nord-est avait été entièrement crénelée sur les faces nord et ouest, et en partie seulement sur la face est. Mais afin de couvrir le pied de la face nord contre les projectiles d'artillerie qui étaient d'autant plus à craindre que cette construction étant d'ailleurs la plus avancée, et ayant des dimensions considérables relativement aux maisons voisines, devait attirer tous les coups, et surtout empêcher l'assaillant ayant réussi à s'approcher du mur qui ne possédait aucun flanquement, de se servir des sacs à poudre pour faire brèche et pénétrer dans l'intérieur sans s'exposer aux feux de flancs que l'on avait à craindre dans tous les autres endroits, on avait creusé (fig. 23, pl. IV) en avant du mur un fossé de 3^m de largeur et de 1^m de profondeur, dont la terre avait été rejetée en arrière de manière à donner à hauteur des créneaux une épaisseur de 0^{m}50 à 0^{m}60 de terre. Cette disposition se prolongeait sur des longueurs de 4 ou 5^m sur les faces est et ouest de manière à garantir les saillants.

Nous avons dit que la face est n'était pas crénelée sur toute sa longueur ; en effet, les dispositions défensives cessaient en face de la maison à l'est de la précédente, dont nous avons parlé. Cette maison était crénelée sur les faces nord et est seulement. Néanmoins pour couvrir l'intervalle entre ces deux constructions, et surtout pour flanquer la première, on avait profité du fossé d'écoulement des eaux de la route n° 186 que l'on avait un peu élargi, et dont on avait rejeté la terre en avant de manière à être couvert à 1^{m}30.

Les maisons situées dans l'angle sud-ouest étaient crénelées sur les faces nord et ouest. Quant à la face est, les fenêtres suffisaient pour le tir dans le cas où il eût été nécessaire d'y avoir recours Dans le mur sud, on avait pratiqué des ouvertures de 2 ou 3^m de largeur de distance en distance, en observant seulement de mettre les ouvertures extrêmes à 5 ou 6^{m} des angles. Les mouvements de troupe de l'intérieur vers l'extérieur et réciproquement, pouvaient ainsi se faire facilement.

Enfin la maison située dans l'angle sud-est, est entourée d'un jardin clos de murs dont la hauteur ne dépasse guère 1^{m}50, et que l'on avait écrétés de façon à pouvoir tirer par dessus sur les faces ouest, nord et est ; quant à la face sud, on y avait fait des ouvertures de manière à permettre une grande facilité de mouvement de l'intérieur vers l'extérieur et réciproquement. La maison n'avait été l'objet d'aucun préparatif.

On voit que le système de construction se défendait naturellement aussi bien que possible, et on retrouve le principe général de la fortification qui est de renforcer les parties saillantes, ou, en d'autres termes, celles qui sont attaquables mathématiquement.

Néanmoins pour empêcher l'assaillant d'arriver sans obstacle de la première ligne sur la deuxième, on avait établi, à environ 300^{m} du carrefour, une flèche (O. n° 2, fig. 24, pl. V) coupée par la route n° 7, servant en même temps pour une batterie de 6 pièces (B. n° 18, fig. 24, pl. V). A droite s'étendait une face perpendiculaire à cette route, ayant 50 à 60^{m} de longueur ; elle était prolongée par un retour d'environ 40^{m}. A l'angle de ce redan étaient préparés des emplacements pour trois pièces de canon, deux sur la face perpendiculaire à la route et une sur la face en retour. Un emplacement pour une pièce avait été également préparé à une vingtaine de mètres à droite de la route, sur la face qui lui était perpendiculaire.

A gauche, et sur le prolongement de la face de

droite, s'étendait une autre partie de 40^m de longueur, prolongée par un retour d'environ 20^m. A l'angle formé par la face perpendiculaire à la route et la face en retour, se trouvaient également des emplacements pour deux pièces.

Toute la partie qui n'était pas préparée pour l'artillerie était disposée pour l'infanterie avec le profil suivant (fig. 25, pl. V) : le parapet avait 1^{m}30 de hauteur au-dessus du sol, et 2^m d'épaisseur; il n'y avait pas de fossé en avant; le sol même, conservé sur une largeur de 1^{m}20 à partir du talus intérieur, formait une banquette en arrière de laquelle était creusé un fossé de 2^m de largeur au fond et de 1^m de profondeur.

Les emplacements de pièces étaient marqués par de petites embrasures de 0^{m}30 de profondeur construites à la façon ordinaire (fig. 26, pl. V); en arrière de l'épaulement, le terrain était conservé intact, car celui-ci ne procurant aucun commandement sur les environs, on avait dû laisser aux pièces leur hauteur naturelle. La terre nécessaire à la construction de l'épaulement avait été prise dans un fossé creusé en avant, et ayant 0^{m}50 à 0^{m}70 de profondeur et 3^{m}50 de largeur en haut. En outre, entre les pièces, on avait creusé des trous de 0^{m}50 à 0^{m}60 de profondeur, de 1 à 2^m de longueur, et de 1^m à 1^{m}50 de largeur.

Cet ouvrage, outre qu'il couvrait le carrefour de la Belle-Epine, flanquait les lignes de défense à droite et à gauche aussi bien par l'artillerie que par la mousqueterie.

Il avait, en outre, l'avantage d'attirer le feu de l'artillerie assaillante, qui, en tout autre cas, eût été dirigé sur la maison. Car dès que cet ouvrage existait, il fallait l'enlever avant de songer à cette dernière.

On pourra remarquer que celui-ci n'étant qu'à 300m du carrefour, les assaillants qui auraient pu y arriver pouvaient s'y rallier, et faire un feu à assez bonne portée contre les défenseurs en arrière qui, étant d'ailleurs couverts par des murs crénelés, n'avaient que peu ou point à craindre de ce feu. Mais nous verrons que l'ouvrage n° 3 était disposé de manière à flanquer l'ouvrage n° 2 à bonne portée de mitraille, de sorte qu'il eût été difficile à l'assaillant de s'y maintenir pendant un temps considérable. Enfin le terrain étant tout-à-fait découvert entre l'ouvrage et le carrefour, il restait toujours à l'assaillant un espace de 300m à parcourir sous une puissance de feu telle que peuvent le permettre les armes actuelles, et remarquons que le carrefour n'est pas à angles droits, comme on peut le voir sur la carte, mais à angles aigus au nord de la route n° 186, c'est-à-dire que les défenseurs placés soit derrière les arbres bordant la route, soit dans les fossés d'écoulement des eaux, pouvaient croiser leurs feux à une assez petite distance en avant de la face nord de la partie de la Belle-Epine susceptible d'attaque, ce qui correspond à un flanquement direct.

Enfin, pour terminer l'étude de cette partie de la ligne s'étendant de la Seine à la route n° 7, nous ajouterons que les fossés d'écoulement des eaux qui longent la route n° 186 et les arbres qui la bordent, procuraient un abri fort convenable à l'infanterie.

De distance en distance, aussi bien d'ailleurs pour la route n° 186 que pour la route n° 67, et pour tous les chemins coupant l'espace entre ces deux routes, on avait comblé les fossés de manière à faire des passages praticables aux voitures. Ces passages ne s'appliquaient pas tant aux batteries installées qui étaient toujours près des chemins, qu'aux batteries volantes dont on pouvait dans un moment donné, disposer.

Nous avons déjà dit qu'entre la route n° 7 et la Bièvre, la ligne était formée d'ouvrages détachés. A côté du chemin de Rungis à Chevilly, et à 500^{m} environ en avant de la route n° 186, se trouvait un ouvrage fermé (O. n° 3). C'était simplement une flèche dont le grand côté, de 80 à 90^{m} de longueur, était à peu près perpendiculaire à la route n° 7 ; cette face était prolongée à gauche par un retour d'environ 40^{m} de longueur à peu près parallèle à la partie du chemin de Rungis à Chevilly, à quelques mètres duquel se trouvait cet ouvrage. A droite, il y avait également une face en retour de 40^{m} de longueur, mais dirigée à peu près parallèlement à la route n° 7. Cette flèche était fermée en arrière par deux faces, l'une de 60^{m} environ partant du retour de droite, l'autre d'environ 50^{m} partant du retour de gauche à la rencontre de la précédente. Ces deux faces laissaient à leur point de jonction un passage de 3 ou 4^{m} de largeur qui était couvert en arrière par une traverse. Les trois faces de la flèche et la face arrière partant du retour de droite, avaient le même profil, qui était le suivant (fig. 27, pl. V) : parapet de 5^{m} d'épaisseur et de 2^{m} environ de hauteur ; en avant était un fossé de 5^{m} de largeur en haut, 2^{m} de largeur au fond et 2 à 3^{m} de profondeur. En avant de la contrescarpe était un glacis dont la hauteur était de 0^{m}50 et la longueur de 3 à 4^{m}.

En arrière, à 1^{m}30 au-dessous de la crête, était une banquette de 1^{m}20 de largeur, de laquelle on descendait dans un fossé de 1^{m}50 de largeur au fond et de 0^{m}70 à 1^{m} de profondeur par un talus à $^{1}/_{1}$. Au saillant de gauche était pratiqué un emplacement pour deux pièces de canon, l'une dirigée en avant et l'autre sur la gauche ; on avait fait, à cet effet, une plate-forme qui était à peu près à la même hauteur que la banquette d'infanterie, et qui avait 5^{m} de longueur perpendiculaire à la crête ; les pièces tiraient par de petites embrasures ordinaires. Au saillant de droite et sur la face en retour y attenant, étaient réparties quatre autres pièces, dont l'une tirait en avant et les autres vers la droite de manière à flanquer l'ouvrage n° 2 et toute la ligne de défense établie le long de la route n° 186. Les emplacements pour ces pièces étaient les mêmes que ceux dont nous avons vu la description pour le saillant de gauche.

Si nous remarquons le grand intervalle qui s'étend entre la route n° 7 et l'ouvrage, nous aurons l'explication du même profil employé pour la face droite destinée à la fermeture de l'ouvrage ; en effet celui-ci pouvait être tourné, et, d'ailleurs, comme on pouvait supposer le cas où l'armée française aurait réussi à percer le long de la route n° 7 qui était le point faible, l'armée allemande devait, à tout prix, se maintenir sur le plateau, et, tant qu'elle y était, l'armée française ne pouvait pas tirer grand avantage de la possession de l'autre partie, car les renforts pouvaient déboucher facilement de la vallée de la Bièvre, tandis qu'une fois rejetée de l'autre côté de cette petite rivière, qui n'est pas tant un obstacle comme quantité d'eau que par ses abords qui sont couverts de maisons, de murs, de haies, de canaux de dérivation, etc, le tout rassemblé sur une petite largeur, ce qui eût nécessité des travaux considérables à peu près impossibles à faire sous le feu, et obligé à attaquer de vive force les rares points de passage existant à l'avance, et avec un désavantage d'autant plus marqué que la rive droite domine toute la rive gauche sur une longueur au moins de 4 kilomètres, ce qui ajoute, pour celui qui occupe cette rive contre l'assaillant arrivant de l'autre côté, un immense avantage pour son artillerie.

Quant à la cinquième face, son profil était différent. Le parapet n'avait que 1m d'épaisseur et 1m80 de hauteur. La banquette était également de 1m20 de largeur. La terre nécessaire avait été prise dans un fossé en avant, de 3m de largeur en haut et de 2m de profondeur.

La traverse fermant l'ouverture était formée d'un simple parapet de 1m30 de hauteur et de 1m d'épaisseur.

A l'extrémité gauche de la ligne, entre la voie de Fresnes à l'Hay et celle de Fresnes à la Rue, se trouvait une redoute (O. n° 6) dans le genre de la précédente : la plus grande face H K (fig. 28, pl. VI) avait 80m de longueur, et était parallèle à un chemin transversal dit la Voie-Verte dont elle n'était éloignée d'ailleurs que de quelques mètres ; la face gauche ou H G, de 25m de longueur, était dirigée à peu près parallèlement à un chemin intermédiaire appelé Voie-des-Groux ; la face droite K L, également de 25m de longueur, était perpendiculaire à la face H K.

Ces trois parties formaient une flèche que l'on avait fermée à la gorge au moyen de deux faces en arrière G F et L B.

Le profil des faces G H et H K était le suivant (fig. 29, pl. VI) : parapet de 4m d'épaisseur et de 2m30 de hauteur, en avant duquel se trouvait un véritable fossé-obstacle de 5m de largeur en haut et de 3m de profondeur. En arrière, à 1m30 au-dessous de la crête, était une banquette de 1m20 de largeur, de laquelle on descendait dans un fossé à section triangulaire de 0m50 à 0m70 de hauteur et de 6m de base, par un talus à $^{1}/_{1}$.

Le profil de la face K L était un peu différent (fig. 30, pl. VI). Le parapet avait la même épaisseur et la même hauteur, mais le fossé en avant n'avait plus que 1m70 à 2m de profondeur et 4m de largeur au fond ; il était en outre précédé d'un glacis de 0m50 environ de hauteur et 3m de largeur.

Pourquoi avait-on fait un glacis en avant du fossé de la face K L, où la largeur de celui-ci était suffisante pour permettre de battre parfaitement le haut de la contrescarpe, tandis qu'on n'en avait pas fait en avant des fossés des faces H K et K G où, à cause de la largeur plus faible du fossé, il eût été sinon indispensable, du moins convenable d'en établir ? nous n'avons pu trouver aucune raison pour cette différence.

En arrière du parapet, à 1m30 au-dessous de la crête, on avait établi une banquette de 1m20 de largeur de laquelle on descendait sur le sol par un talus à $^{2}/_{3}$; en arrière de ce talus était une langue de terre de 2m de largeur formant une deuxième banquette ; en arrière de celle-ci était alors un fossé de 4m de largeur en haut, 1m de largeur au fond et 1m de profondeur. Pourquoi également cette différence et cette deuxième banquette ? Avait-on eu seulement l'intention de se ménager de l'espace pour pouvoir augmenter le profil de cette face ?

Quant aux fossés, comme il est plus facile de les faire peu profonds et plus larges et que les chances d'attaque étaient moins grandes de ce côté où l'ouvrage n° 5 et la batterie n° 22 croisaient leurs feux à bonne portée, on avait probablement préféré ce système à l'autre.

Au saillant K était établie une plate-forme pour deux pièces de canon. A cet effet on avait pris, de chaque côté du sommet sur les faces K L et K H, des longueurs de 7 à 8^{m} et on avait mené des perpendiculaires par ces points. Sur ces perpendiculaires on avait pris des longueurs de 5 à 6^{m} et on avait obtenu le plan de la plate-forme.

Au saillant H on avait de même établi une plate-forme pouvant recevoir deux pièces de canon, mais, à cause de la plus grande ouverture de l'angle, on n'avait eu besoin que de 5 à 6^{m} de longueur de crête seulement. A environ 35^{m} du saillant H, sur la face H K, on avait préparé une plate-forme carrée de 4 à 5^{m} de côté pouvant recevoir une pièce.

A 25^{m} à gauche du saillant K, sur la même face, se trouvait un autre emplacement pour une pièce.

Toutes ces plate-formes étaient à 1^{m} au-dessous de la crête, de sorte que les pièces tiraient en barbette.

Quant aux faces G F et M L, elles avaient le même profil uniforme suivant (fig 31, pl. VI) : parapet de 1^{m} d'épaisseur et de 1^{m}80 de hauteur; en avant, un fossé de 3^{m} de largeur en haut et de 2^{m} de profondeur; en arrière, à 1^{m}30 au-dessous de la crête, banquette de 1^{m}20 de largeur.

Sur la face B L était ménagée une entrée de 3^{m}50 à 4^{m} de largeur, et pour pouvoir flanquer cette entrée, on avait coiffé l'angle formé par les faces G F et B L par une espèce de petite lunette B C D E F, dont les faces D C et D E avaient 5^{m} de longueur et les flancs C B et E F qui avaient, le premier 6^{m} et le deuxième

5m de longueur, faisaient des angles de 90 à 100 degrés avec les faces à flanquer. Le profil de la lunette était le même que celui des faces G F et M L.

La distance entre les pieds des talus de banquette, à côté de l'entrée, était de 17 à 18m.

Cette redoute occupait, comme on peut le voir, le haut des pentes est de la vallée de la Bièvre. Elle était un peu en avant de la ligne formée par les ouvrages 3, 4 et 5, de sorte que sa face droite pouvait flanquer toute cette ligne au moins par l'artillerie, qui était peu considérable il est vrai, une pièce, mais qui tirant à volonté pouvait produire un grand effet moral. De l'autre côté, cette redoute barrait la vallée de la Bièvre et empêchait tout mouvement pour essayer de tourner la ligne de ce côté.

Nous voyons une grande différence entre les deux redoutes dont nous venons de donner la description et tous les travaux décrits antérieurement ; nous trouvons le fossé redevenu obstacle et un profil très-élevé. Ces ouvrages pouvaient se défendre isolément et résister longtemps.

Les défenseurs étaient à l'abri de l'artillerie qui ne pouvait prendre d'enfilade aucune face même celles qui sont en retour puique toutes étaient dirigées vers les villages de Chevilly, l'Hay et la Rue qui les couvraient à une distance de 600 à 700m seulement ; or, il ne faut pas oublier que les armes prussiennes ayant une portée réglementaire de 600m, pouvaient servir sur des masses comme celles que présentent des batteries d'artillerie ; il eut donc été très-difficile à ces dernières de s'avancer et de se maintenir dans le terrain parfaitement découvert qui se trouve entre les villages et les redoutes, devant un feu comme il est possible d'en faire avec les armes à tir rapide, surtout quand les tireurs sont couverts aussi complétement que possible. Il est bien entendu que nous supposons toujours de bonnes troupes.

Les deux extrémités de la ligne étaient donc assurées d'autant mieux que tout le terrain se prêtait naturellement à la défensive, en tenant compte des effets des nouvelles armes dont c'est surtout le cas de supériorité sur les armes se chargeant par la bouche; c'est le principe d'ailleurs qui perce partout dans l'ordonnance royale du 29 juin 1861 sur les grandes manœuvres de l'armée prussienne, et nous voyons que celle-ci a su non-seulement en faire une question théorique; mais surtout qu'elle a su l'appliquer au terrain toutes les fois que la circonstance s'est présentée.

L'intervalle entre les deux redoutes (O. n°s 3 et 6) était d'environ 1600^{m}; la portée régulière de la mousqueterie n'étant que de 600^{m}, il était nécessaire de couvrir cette trouée par des ouvrages qui pussent au moins servir de courtine de manière à rendre inattaquable, autant que possible, cette portion de terrain, tout en ne dépensant pas inutilement les forces du soldat pour des travaux insignifiants; aussi avait-on établi deux autres ouvrages :

Le premier (O. n° 4) était une flèche ordinaire dont la grande face, à peu près parallèle à celles des deux redoutes, avait la même longueur, c'est-à-dire 80^{m}; la face gauche, de 25 à 30^{m}, venait finir près du chemin de Vissous à Chevilly, et était disposée de façon que son feu fut dirigé en avant de la redoute de gauche ou ouvrage n° 6. La face droite avait la même longueur et avait une direction telle que son feu vint battre le terrain en avant de la redoute de droite ou ouvrage n° 3. La distance de la grande face à la route n° 186 était d'environ 400^{m}. Le profil général de la flèche était le suivant : parapet de 2^{m}50 à 3^{m} d'épaisseur et de 1^{m}30 seulement de hauteur, en avant, un fossé de 2^{m}50 de largeur au fond et de 0^{m}50 à 0^{m}70 de profondeur ; en arrière, une banquette très-large, presque 2^{m}; et enfin en arrière de celle-ci, un fossé de 0^{m}70 à 1^{m} de profondeur, et de la largeur nécessaire pour fournir le complément de terre.

Le deuxième ou ouvrage n° 5 (fig. 32, pl. IV) était un redan, dont les faces avaient de 40 à 45^{m} de longueur et étaient disposées de manière que leurs feux fussent dirigés, celui de la face gauche, un peu en avant de la redoute de gauche ou ouvrage n° 6, et celui de la face droite, un peu en avant de la flèche ou ouvrage n° 4. La distance du saillant à la route n° 186 était de 400^{m} environ. Cet ouvrage était situé entre le chemin de Frênes à Chevilly et le chemin des Pauvres. Le profil général était le suivant (fig. 33, pl. IV) : parapet de 2^{m}50 à 3^{m} d'épaisseur et de 1^{m}30 seulement de hauteur ; en avant était un fossé de 1^{m} de largeur au fond et de 1^{m} à 1^{m}30 de profondeur ; en arrière le sol même formait une banquette de 2^{m} de largeur de laquelle on descendait dans un fossé à section triangulaire de 0^{m}80 à 1^{m} de hauteur et de 3^{m} de base. Le revêtement du talus intérieur était particulier : c'était simplement des bandes de torchis courbées en deux (fig. 34, pl. IV) et ayant de 0^{m}05 à 0^{m}10 de diamètre et 1^{m}50 à 2^{m} de longueur. La courbure formait le revêtement. A quelle époque a été établi cet ouvrage, nous ne pouvons le dire, mais la conservation du talus intérieur était parfaite après une durée d'au moins trois mois, ce qui est suffisant pour les travaux où le temps est mesuré. Cette méthode de revêtement est facile à exécuter, même par des hommes non exercés, et les matériaux nécessaires se trouvent partout, tandis que le gazon, le chiendent, etc, sont quelquefois fort loin, et il faut toujours beaucoup de temps pour en chercher une quantité assez considérable.

Nous avons vu que les deux ouvrages du centre étaient à une centaine de mètres à peu près en arrière des deux redoutes extrêmes; en arrière de ceux-ci et à une cinquantaine de mètres seulement en avant de la route, se trouvait une ligne de batteries destinées à appuyer surtout les ouvrages des aîles. La première (B. n° 20) se trouvait entre les ouvrages n°s 3 et 4 ; elle était formée d'emplacements détachés en forme d'arc-de-cercle semblables à ceux dont nous avons déjà donné la description précédemment. Cette batterie avait son tir dirigé sur le carrefour des routes n°s 67 et 7 et prenait par conséquent en écharpe l'ennemi attaquant l'ouvrage n° 3. Une autre, formée d'un épaulement continu ordinaire, était située un peu en arrière de l'ouvrage n° 5, entre celui-ci et le cimetière de Frênes ; cette dernière avait son tir dirigé sur le carrefour des routes n°s 66 et 67 et prenait par conséquent d'écharpe les assaillants marchant sur l'ouvrage n° 6.

Remarquons que ces deux batteries étaient couvertes par les villages de l'Hay, la Rue et Chevilly qui empêchaient non-seulement de les voir, mais de les prendre d'enfilade malgré leur obliquité.

Enfin une troisième batterie (B. n° 21) était établie entre les deux précédentes et appuyait sa gauche au chemin des Pauvres; son tir était direct, c'est-à-dire entre Chevilly et la Rue.

Cette ligne pouvait, en outre, être appuyée en arrière par la mise à profit des fossés d'écoulement, et des arbres longeant la route n° 186, et enfin par une troisième ligne dont nous allons voir la description.

De la Seine vers Choisy-le-Roi à la vallée de la Bièvre (3e ligne).

La 3e ligne de défense courait en arrière de la précédente, appuyant sa droite aux villages d'Orly et de Villeneuve-le-Roi, et allant rejoindre la Bièvre par le village de Rungis, le château de Mont-Jean, le village de Frênes et le hameau de Petit-Frênes.

Défense du village d'Orly.

Le village d'Orly occupe les pentes ouest de la vallée de la Seine ; toute la partie nord forme une enceinte de murs continus qui étaient simplement crénelés.

L'arrière du village est couvert par un grand parc en forme de rectangle, de 600 à 700m de longueur et de 300 à 400m de largeur. Ce parc était mis en état de défense sur les faces ouest, sud et est de la manière suivante : Sur la face est, le mur qui décrit diverses sinuosités a généralement une hauteur de 2 à 3m au-dessus du sol extérieur, tandis que la différence de niveau avec l'intérieur varie de 0m50 à 2m ; la défense avait été organisée d'après ces différences, en abattant de distance en distance des portions de mur et en jetant les pierres vers l'intérieur, de façon à former des banquettes en arrière de chaque ouverture comme nous le verrons tout-à-l'heure pour la face sud ; dans les autres endroits on avait creusé de petites tranchées en arrière du mur comme nous l'avons vu pour le parc des missionnaires de Chevilly.

La face ouest est longée par un chemin encaissé de 1^m à 1^m50; la hauteur du mur, au-dessus du chemin, est de près de 4^m, tandis qu'au-dessus du sol intérieur elle n'est guère que de 2^m; cette face avait été organisée sur toute la longueur en abattant des portions de mur et en rejetant les pierres en arrière, de manière à former une banquette à 1^m30 au-dessous de l'échancrure.

Quant à la face nord, la hauteur du sol à l'intérieur varie généralement de 0^m50 à 1^m, aussi n'avait-on fait aucun travail. Mais, comme on peut le voir, cette face s'étend le long d'une rue dont l'autre côté est bordé de maisons d'où l'on pouvait par conséquent dominer les défenseurs, aussi ne comptait-on pas beaucoup sur elle et avait-on reporté la défense sérieuse sur la face sud, dans le cas où l'attaque aurait eu lieu dans cette direction.

Le mur composant cette face a, à l'extérieur, une hauteur de 2^m50 à 2^m60, et le sol à l'intérieur est à 1^m au-dessous du sol extérieur (fig. 35, pl. 5); on avait organisé cette face de manière que la défense fut préparée de l'extérieur vers l'intérieur. A cet effet, on avait fait dans le haut du mur (fig. 36, pl. 5) des échancrures de 1^m de hauteur sur 1^m de largeur, et on avait rejeté les pierres au pied, de manière à établir derrière chacune d'elles une banquette de 0^m20 à 0^m30 de hauteur; la distance entre chacune de ces échancrures était de 1^m30 à 1^m50.

Intervalle entre Thiais et Orly.

L'intervalle entre Thiais et Orly était couvert par des abatis. Les chemins construits sur les pentes eussent fourni autant de lignes de défense au besoin, car ils sont tous un peu encaissés.

Défense de Villeneuve-le-Roi.

Enfin la partie nord de Villeneuve-le-Roi formant une enceinte composée entièrement de murs, était mise en état de défense. A cet effet, on avait simplement crénelé les murs. Cette défense venait se terminer à l'entrée nord-est de Villeneuve, au mur d'un grand parc s'étendant depuis le village jusqu'au chemin de fer ; ce mur n'était pas défendu et servait seulement comme obstacle. D'ailleurs son peu de hauteur permet de s'en servir sans avoir besoin d'exécuter de travail.

Intervalle entre Orly et Villeneuve-le-Roi.

Pour appuyer cette défense vers la droite, c'est-à-dire face à la Seine, on avait établi le long et à gauche du chemin qui, partant de Villeneuve-le-Roi, va aboutir à l'extrémité sud-est du parc d'Orly, une tranchée assez forte ayant 1^{m} de largeur de fossé et 0^{m}65 de profondeur, la terre rejetée en avant formait un bourrelet dont l'extrémité arrivait à 1^{m}50 du chemin taillé dans la pente comme on le voit (fig. 37, pl. 5). En avant du chemin, sur les pentes, on avait fait des abatis au moyen des arbres fruitiers et autres qui se trouvaient sur les lieux.

Tête de pont sur la rive gauche de la Seine, en face Villeneuve-Saint-Georges.

La communication des deux rives de la Seine par l'ancien pont suspendu, qui de Villeneuve-St-Georges conduisait sur la rive gauche de la Seine, se continue par la route qui va directement à Villeneuve-le-Roi. De cette route se détachent différents chemins allant, les uns vers Choisy-le-Roi, les autres vers Ablon-sur-Seine. L'un de ces chemins suit le fleuve lui-même. Il est longé sur presque tout son parcours par des propriétés entourées de murs. Au débouché du pont, et au sud de la route se trouve une maison à côté de laquelle, à droite et à gauche de la route, sont de grandes excavations de forme allongée de 10 à 15^{m} dans la plus grande dimension, et de 8 à 10^{m} dans le sens opposé. Ces trous ont fourni la terre nécessaire à l'établissement du remblai amenant le chemin à hauteur du pont.

Ils sont en grande partie remplis d'eau, se maintenant d'ailleurs au niveau de la Seine, et les bords sont garnis d'arbres et de haies formant un obstacle infranchissable. Un des chemins, se dirigeant vers Choisy-le-Roi, se détachait entre les trous et la Seine, et suivait la rivière pendant quelque temps. Il allait passer près d'une petite maison qui se trouve à environ 50^{m} au nord du pont. Un peu au nord de cette maison était établi un pont fixe ou sur pilotis, semblable à celui dont nous avons donné la description dans la partie précédente ; un pont de bateaux était établi entre ce dernier et l'ancien pont suspendu. Enfin un troisième pont, également sur pilotis, se trouvait à 100 ou 150^{m} environ à l'ouest du confluent de l'Yerres. Pour couvrir ces débouchés, on avait fait, en avant des deux premiers, une simple tranchée partant à une dizaine de mètres seulement de la Seine au nord du premier pont, et rejoignant l'arrière de la petite maison dont nous avons parlé.

Celle-ci était crénelée sur les faces nord, ouest et sud; la première flanquant la tranchée précédente. De l'extrémité est du côté sud partait une autre tranchée venant aboutir à l'excavation qui se trouve au nord du chemin de Villeneuve-le-Roi. De l'extrémité de l'excavation qui se trouve au sud du même chemin, en partait une se reliant avec l'extrémité d'une flèche couvrant le troisième pont à 50 ou 100^{m} en avant.

La tranchée aboutissait à l'extrémité du retour de droite, qui avait 10^{m} de longueur; la face suivante avait environ 40^{m} de longueur, et était dirigée de façon que son feu pût battre tout le terrain en avant des excavations, la face en retour de gauche avait 30^{m} de longueur et se continuait par une tranchée de manière à aller rejoindre le mur d'enceinte d'un jardin qui avait été crénelé; le profil de cet ouvrage était le suivant : parapet de 1^{m}30 de hauteur et de 2 à 2^{m}50 d'épaisseur, le talus extérieur se prolongeait jusqu'au fond d'un fossé de 1^{m} à 1^{m}30 de profondeur et de 1^{m}50 de largeur au fond; en arrière on avait conservé le sol naturel sur une largeur de 1^{m}20, et au-delà était un fossé de 0^{m}70 de profondeur et de 2^{m} de largeur en haut. Entre cette flèche et la rivière se trouvent plusieurs maisons qui cachaient le pont à l'assaillant; ces maisons étaient crénelées et reliées par des tranchées; celle de droite se reliait à la Seine par un mur de 1^{m}50 à 2^{m} de hauteur, qui était organisée de la façon suivante : en arrière on avait creusé un fossé de 1^{m} de profondeur, et on avait rejeté la terre entre celui-ci et le mur, de manière à former une banquette de 1m20 de largeur à 1m30 au-dessous de la crête du mur. Ce système formait une espèce de réduit.

Comme on le voit, cette tête de pont n'était ni très-régulière, ni très-vaste. Mais il ne faut pas oublier qu'en fortification, un ouvrage est souvent mieux défendu par des feux croisés qui lui sont étrangers que par son feu direct; le coude fait par la Seine permettant de concentrer des feux de la rive droite sur la rive gauche, était le meilleur moyen de défense; d'ailleurs on ne pouvait guère se défendre que contre une pointe de l'armée assaillante, car si on suppose que celle-ci se soit rendue maîtresse du plateau sur les pentes duquel se trouve Villeneuve-le-Roi, les ponts sont dominés à environ 2000m, et il est par conséquent très-difficile de s'en servir.

Défense du village de Rungis.

Le village de Rungis est situé à 150 ou 200m en arrière de la route n° 186. Il était mis en état de défense sur les faces nord, est et ouest; les murs d'enceinte de jardin avaient été crénelés dans certains endroits et dans d'autres abattus en partie, de manière à permettre le tir par dessus. On avait fermé les entrées vers le nord, et l'on rejoignait ainsi un grand parc qui occupe toute la partie nord-ouest du village; le mur de ce parc a environ 1m60 au-dessus du sol extérieur. On avait pratiqué des créneaux presque au niveau du sol, de manière à pouvoir tirer de l'intérieur vers l'extérieur. Sur les faces nord et ouest, la défense se terminait par cette face du parc.

En avant, entre la route et ce parc est le cimetière entouré de murs que l'on avait également crénelés.

Intervalle entre Orly et Rungis.

L'intervalle entre Orly et Rungis était occupé par une ligne de batteries semblables à celles qui se trouvent en avant de la route n° 186. La première (B. n° 24) était située derrière le mur d'un jardin d'une propriété isolée qui se trouve à côté du chemin d'Orly à Paray, par la Pyramide, près du point où se détache le chemin de la Vieille-Poste ; la deuxième (B. n° 25) était près d'un bouquet d'arbres qui se trouve également à côté du chemin de la Pyramide. Entre la Belle-Epine et la Vieille-Poste, à peu près à égale distance de ces deux points, se trouve un mamelon assez allongé, traversé par la route n° 7, et dominant de 3 à 4^{m} seulement la Belle-Epine. Sur ce mamelon étaient établies, à droite et à gauche de la route, deux batteries de six pièces (B. n°s 26 et 27).

Nous n'avons trouvé aucune trace de travaux d'infanterie, mais il est bon de remarquer que la route n° 69 est tout entière en déblai, de sorte qu'elle forme une bonne ligne de défense naturelle. Ces batteries avaient surtout pour but d'appuyer la deuxième ligne dont elles n'étaient distantes que de 1500 à 1600^{m} au plus.

Défense du château de Mont-Jean.

Les murs du parc entourant le château de Mont-Jean avaient été mis en état de défense de la façon la plus simple possible.

Défense de Frênes-lès-Rungis.

La défense du village de Frênes était basée sur les murs qui avaient tous été crénelés; il en était de même de ceux du Petit-Frênes et du cimetière, qui se trouve en avant de la route n° 186.

Intervalle entre le château de Mont-Jean et Frênes.

Le chemin de Mont-Jean à Frênes est, comme on le voit, taillé dans la pente, c'est-à-dire que le côté nord présente un escarpement. Dans les endroits où la profondeur n'était pas suffisante, on avait creusé de petits trous où des tirailleurs pouvaient se placer.

Considérations générales sur le système de défense.

Nous avons dit que dans la deuxième partie, le système de défense pouvait être considéré comme de simples travaux de champ de bataille, mais il n'en est plus de même dans celle-ci. Les ouvrages y ont été accumulés et on les a disposés avec un soin qui démontre l'importance que l'on était forcé d'attacher à cette partie de l'investissement.

Trois lignes successives s'y rencontraient, chacune d'elles appuyant l'autre, et pouvant recevoir les débris de la précédente.

La première suit la route n° 67, qui conduit de Choisy-le-Roi à Bourg-la-Reine ; elle était formée d'ouvrages détachés, très-solidement organisés, comme nous l'avons vu. Choisy-le-Roi et Thiais à droite barrant la Seine ; l'Hay et la Rue à gauche barrant la Bièvre ; enfin au centre et couvrant l'intervalle entre ces deux masses, la fabrique de poudrette avec l'ouvrage n° 1 et le village de Chevilly.

La distance entre la masse défensive de droite et le système de la fabrique de poudrette était d'environ 600 mètres. Remarquons que ce sont les mêmes chiffres que nous avons déjà trouvés dans la première partie.

Cette ligne était soutenue, comme on le voit, par 14 batteries, y compris celles qui ont servi au bombardement, ce qui présentait un total d'environ 80 pièces sur une largeur de 6 kilomètres seulement. Les différents éléments de cette ligne ont dû être conservés tels quels, puisqu'il n'y avait pas moyen de changer les villages, mais on en avait tiré le meilleur parti possible, de manière à se procurer les flanquements nécessaires. La défense de la trouée située au centre semble d'ailleurs n'avoir été cherchée que par la masse d'artillerie.

La deuxième ligne suivait la route nationale n° 186, conduisant de Choisy-le-Roi à la Croix-de-Berni; elle comprenait deux parties différentes : la première, de Choisy-le-Roi à la Belle-Epine, où l'on ne trouve aucun préparatif pour l'infanterie, mais simplement quatre batteries, dont une, la batterie n° 18, flanquant les trois autres. C'était donc là encore le même système que dans la première ligne; la défense semblait résider dans le nombre des batteries.

A partir de la Belle-Epine commençait alors un autre genre : c'était une ligne à ouvrages détachés, courant jusqu'à la Bièvre; elle était composée de deux ouvrages fermés, les ouvrages n°s 3 et 6 appuyant les extrémités, l'intervalle entre eux était couvert par deux ouvrages simples, ouverts à la gorge : la flèche ou ouvrage n° 4, et le redan ou ouvrage n° 5, qui étaient situés sur une ligne à 100^{m} environ plus en arrière que celle que déterminaient les deux redoutes. La distance entre chacun de ces ouvrages était d'environ 500m. L'ouvrage de droite ou n° 3, se reliait en outre à l'ouvrage n° 2 et à la défense du carrefour de la Belle-Epine, dont il n'était distant que de 600 à 700m. Cette deuxième partie, outre les batteries situées dans les redoutes, était soutenue par une ligne de trois autres batteries qui se trouvait à 200 ou 300m en arrière.

La troisième ligne courait à 700 ou 800m au sud de la précédente; elle s'appuyait à droite à la défense d'Orly et de Villeneuve-le-Roi, couvrait, au moyen de quatre batteries, l'intervalle entre cette masse défensive et Rungis, et se prolongeait jusqu'à la Bièvre, par la défense de ce dernier village, celle du château de Mont-Jean et celle du village de Frênes. Cette dernière ligne n'était évidemment qu'un pis-aller ne présentant pas le caractère de solidité des deux premières, et ne remplissant pas, par conséquent, le but ordinaire des troisièmes lignes, qui doivent être plus solidement organisées que les précédentes, de manière à faire croître les difficultés au fur et à mesure des succès de l'assaillant. On peut croire cependant que si un ennemi a enlevé les deux premières bien défendues, ses forces doivent être sensiblement épuisées, et n'oublions pas que le but ici est de gagner du temps pour permettre aux renforts d'arriver, et que, tant que le défenseur n'est pas en pleine déroute, et il ne le sera pas grâce à cette troisième ligne, rien n'est perdu pour lui.

L'armée allemande avait tellement bien senti cette importance, qu'elle semblait décidée, d'après la direction de ses travaux, à céder au centre, si elle y était forcée, et alors elle eût combattu en deux échelons : le premier, à gauche de la route, formé des ouvrages de la deuxième et de la troisième ligne, pour couvrir les ponts de la Bièvre, l'autre s'appuyant sur Orly et Villeneuve-le-Roi, pour couvrir toujours les ponts de Villeneuve-Saint-Georges.

En effet, nous voyons les défenses de Rungis se prolonger sur la partie est pour couvrir la deuxième ligne dans le cas où l'ennemi, ayant percé le centre, chercherait à la tourner, présentant ainsi un double front dont le dernier était d'environ 500 à 600^{m}; c'était une position désavantageuse, mais enfin, nous l'avons déjà dit, il ne s'agissait que de gagner du temps pour permettre aux renforts d'arriver.

Il fallait tenir cette position à tout prix, autrement l'armée assiégeante était coupée en deux; elle ne pouvait plus communiquer avec les troupes de la rive droite de la Seine que par des chemins de traverse, ou du moins des routes de dimensions restreintes, et le trajet eût été allongé considérablement; et d'ailleurs comme il ne faut pas supposer que l'assiégé, en pareil cas, et quoique fatigué, se fût reposé sur ses lauriers, on arrivait aux conséquences les plus graves.

Tant que cette espèce de pentagone formé par le village de Frênes, le château de Mont-Jean, le village de Rungis et les ouvrages 3, 4, 5 et 6 étaient encore au pouvoir de l'armée assiégeante, les renforts pouvaient déboucher sur le plateau, et, quoique se trouvant dans une position désavantageuse, les Allemands n'eussent été que dans le cas de troupes possèdant une bonne tête de pont, et devant en déboucher; c'était à leur courage à en tirer parti par un retour offensif vigoureux, combiné avec les efforts de l'autre échelon, c'est-à-dire celui qui s'appuie sur Orly, pour rétablir la situation.

Les villages sont organisés d'après le système que nous avons examiné dans la première partie, c'est-à-dire tir par dessus ou à hauteur d'appui, avec murs renforcés à l'abri de l'artillerie sur les points d'attaque, et créneaux devant des hauteurs ou des abris pour l'assaillant.

Le système de batterie est généralement à emplacements détachés formés d'épaulements circulaires. Nous ne trouvons que deux batteries où il y ait des abris pour les caissons, ce sont les batteries n°s 7 et 8, et cependant le terrain est parfaitement plan et permet aux projectiles et à leurs éclats tout l'effet dont ils sont susceptibles. Nous verrons dans les plaines du nord-est, que l'on avait eu, au contraire, pour principe général de construire des abris pour chaque batterie.

L'emplacement des batteries a un caractère décousu ; il y en a beaucoup qui sont ce qu'on pourrait appeler en l'air, c'est-à-dire en première ligne ; dans la partie qui s'étend à gauche de la route n° 7, on les voit cependant disposés d'une façon convenable.

Différentes attaques ont été tentées sur les divers points de cette ligne, ainsi que nous allons le voir.

Résumé des différentes opérations militaires.

A la suite du combat de Châtillon le 19 septembre, des ordres furent donnés par le gouverneur, en vertu desquels « toutes les troupes sans distinction devaient se retirer à l'intérieur de Paris. »

Il en résulta l'abandon, dans la troisième partie, du Moulin-Saquet à gauche, sentinelle avancée sur la vallée de la Seine, de la redoute des Hautes-Bruyères à droite, couvrant la vallée de la Bièvre en avant du fort de Bicêtre, et, au centre, reliant les deux postes avancés dont nous venons de parler, du village de Villejuif.

L'ennemi ne pouvant croire les rapports faits par les reconnaissances qu'il envoie dans ces directions, hésite pendant quelques jours. Il se saisit cependant de ces points importants qui eussent été d'une valeur incalculable pour lui, car il eût pu sans inconvénient se servir de la route n° 67 pour ses communications ordinaires. En outre, la redoute des Hautes-Bruyères est située sur un plateau dominant de 10 à 12^{m} le fort de Bicêtre à une distance de moins de 1500^{m}, et de 40^{m} le fort de Montrouge à une distance inférieure à 2500^{m}. Villejuif est au même niveau que le fort de Bicêtre, mais domine d'environ 50^{m} et à une distance de moins de 3000^{m} les remparts de Paris. Enfin le Moulin-Saquet domine de près de 30^{m} et à une distance de moins de 1500^{m} le fort d'Ivry.

La redoute des Hautes-Bruyères se reliait naturellement avec l'éperon de Bagneux, distant de moins de 3000^{m}. Enfin, sans vouloir tirer les conséquences relatives à la possibilité d'attaque des forts, le bombardement de toute la rive gauche de la Seine était rendu possible.

Aussi ne s'explique-t-on pas plus l'abandon de ces positions par l'armée française, que l'occupation fictive des mêmes points par l'armée allemande. D'un côté comme de l'autre, il y avait manque de réflexion par suite de cette espèce de fièvre qui résulte toujours d'une entreprise dont le résultat dépasse toutes les espérances.

Cette ligne se trouvait placée pour soutenir naturellement celle de Châtillon, et pouvait procurer les mêmes avantages. Les travaux à exécuter étaient aussi faciles qu'ailleurs. Ce ne sont pas les canons de Bicêtre qui eussent empêché d'organiser la défense de Villejuif dans le genre de Choisy-le-Roi, et de retourner les redoutes des Hautes-Bruyères et du Moulin-Saquet comme on l'a fait pour le Moulin-de-Pierre et la redoute de Châtillon, ainsi que nous le verrons.

L'armée française, la première, reprit son bon sens. Aussi le 22 septembre, après deux jours d'abandon, une division fut-elle envoyée de Paris pour reprendre ces positions : c'était d'ailleurs la même division qui par ordre du gouverneur avait dû les abandonner le 19 au soir avant la nuit.

Le mouvement eut lieu en deux colonnes : celle de droite se dirigea par les pentes est de la vallée de la Bièvre, mais, voyant que la redoute des Hautes-Bruyères était occupée, elle attendit le lendemain avant de dessiner son attaque. La colonne de gauche marcha par les pentes ouest de la vallée de la Seine et reprit possession sans combat du Moulin-Saquet ; on entra en même temps dans une partie de Villejuif, mais l'ennemi occupait l'autre assez fortement et empêcha d'avancer. Il refoula même les troupes qui s'étaient approchées des Hautes-Bruyères et les força de se replier sous le fort de Bicêtre. Le lendemain matin une nouvelle tentative, appuyée par le canon des forts, eut lieu dès l'aube et l'on reprit possession des Hautes-Bruyères ainsi que de toute la ligne entre la Seine et la Bièvre passant par Villejuif, le Moulin-Saquet et Vitry.

Les versions relatives à cette affaire de nuit sont contradictoires, de sorte qu'il est difficile pour celui qui n'y a pas assisté de rectifier les assertions des uns ou des autres. Il serait cependant curieux de connaître la vérité à ce sujet, car si réellement il y a eu engagement le 22 au soir, il est surprenant que l'ennemi prévenu, n'ait pas fait occuper plus fortement toute cette ligne, et n'ait pas eu à portée des réserves qui eussent au besoin servi de travailleurs. Une nuit suffisait pour couvrir suffisamment les troupes et faire échouer toutes les tentatives, surtout sur un terrain entièrement caché des forts.

Toute la matinée du 23, l'ennemi fit mine de vouloir reprendre ces positions qu'il fit canonner, mais voyant enfin qu'il n'obtenait aucun résultat, il se résolut, vers 1 heure après midi, à cesser son tir, et à laisser aux Français leur conquête bien méritée.

Il était en effet trop tard. On pouvait, dès le premier jour, établir sans trop de perte les travaux de défense nécessaires pour assurer la ligne des Hautes-Bruyères à Vitry par Villejuif et le Moulin-Saquet, mais le 23 septembre, il n'était plus temps; l'espèce de prostration dans laquelle le combat de Châtillon avait plongé tout le monde, avait disparu, et les idées saines étaient revenues en même temps.

La redoute des Hautes-Bruyères fut aussitôt remise en état, et on la relia avec Villejuif. Il en fut de même de ce dernier village et du Moulin-Saquet.

Mais, en abandonnant cette ligne qui couvrait la route n° 67, l'ennemi s'était occupé de mettre en état celle qui est déterminée par cette route elle-même, de manière à avoir au moins la jouissance de la route n° 186.

L'attaque des points couvrant la route n° 67 entraînait, par suite de sa réussite, celle des points couvrant la route n° 186; elle était si naturelle que l'assiégeant s'occupa immédiatement de prendre des dispositions pour y parer.

Combat de Chevilly.

L'affaire du 30 septembre était beaucoup plus sérieuse que les précédentes ; il ne s'agissait plus d'enlever des points sur l'occupation desquels l'assiégeant n'était pas très-bien fixé, mais l'attaque avait lieu sur une ligne importante que l'armée allemande ne pouvait abandonner à aucun prix. En effet, la ligne de Choisy-le-Roi, Thiais, Chevilly et l'Hay indiquée bien clairement par la route n° 67, étant enlevée, la route n° 186 allant de Versailles à Choisy-le-Roi n'était plus tenable ; en d'autres termes, les communications de l'ennemi ne pouvaient plus se faire par cette voie ; il n'y avait plus alors que des chemins de plus ou moins d'importance s'éloignant tous de la direction naturelle vers l'est, c'est-à-dire des ponts de Villeneuve-Saint-Georges. En outre, cette ligne barrait les vallées de la Seine et de la Bièvre et l'armée assiégeante ne pouvait en retrouver aucune d'une valeur comparable. L'Hay et la Rue étant enlevés, Bourg-la-Reine n'était plus qu'un point à abandonner, étant dominé à courte distance par les hauteurs de la rive droite de la Bièvre ; les hauteurs de Bagneux, et, par suite celles de Châtillon elles-mêmes pouvaient être prises à revers. D'autre part, toutes les défenses établies entre le Montmesly et la Seine eussent été dominées à tel point que c'eût presque été une folie de chercher à s'y maintenir.

Le Montmesly pouvait donc être rendu lui-même intenable par le moyen inverse de celui qui a été employé par l'armée allemande, c'est-à-dire en l'entourant de batteries et en l'attaquant à revers. La chute de Châtillon et du Montmesly élargissait le cercle de l'investissement, et le rejetait sinon au-delà de Versailles, centre de la dernière importance où venaient converger un grand nombre de routes que l'on n'eût retrouvé nulle part, du moins assez loin pour que le bombardement de Paris ne fut plus possible. L'armée assiégeante eût été obligée de maintenir devant Paris des forces beaucoup plus considérables que celles qu'elle y a laissées. En outre toute la partie du sud et de l'ouest eût eu des communications difficiles, non pas comme charroi ordinaire de vivres, ce qui est presque insignifiant, en ce sens que l'on eût fait un peu plus de réquisitions pour les transports, mais la marche des troupes, en cas d'attaque, eût été rendue extrêmement pénible.

L'attaque de la ligne formée par la route n° 67, demandée avec instance par le général commandant en chef les troupes du sud de Paris, fut résolue le 28 pour le 29 septembre au matin. Par suite de quelles circonstances fut-elle remise au 30 ?

Les grands généraux ont toujours considéré avec raison, le secret des opérations comme une chance de succès en campagne. Cette manière était évidemment contraire aux idées reçues à Paris, et prônées sur tous les tons : Tout devait être fait au grand jour ; on poursuivait des espions imaginaires, mais on prévenait l'ennemi par des indices beaucoup plus sûrs que l'espionnage. Il faut, à la guerre, mûrir complétement son projet, mais ensuite l'exécuter promptement. Dans une ville comme Paris où le télégraphe pouvait porter des ordres en aussi peu de temps que possible, quelques heures suffisaient pour faire faire tous les préparatifs, surtout lorsque toutes les troupes qui doivent prendre part à l'action sont placées d'avance en face des positions à attaquer. Toujours est-il que l'on fut sensé avoir besoin de près de 48 heures, ainsi qu'il résulte des pièces publiées par M. le général commandant le 13e corps, auquel nous empruntons également l'ordre suivant envoyé pour l'attaque.

ORDRE.

La reconnaissance offensive que le général Vinoy commandant le 13e corps effectuera demain matin, à la pointe du jour, comprendra le quadrilatère formé par les forts de Bicêtre et d'Ivry, le village de l'Hay et la petite ville de Choisy-le-Roi qui en sera l'objectif.

La base de cette petite opération sera le terrain dissimulé aux vues de l'ennemi, dont le front est marqué par le village de Vitry, l'ouvrage du Moulin-Saquet, le village de Villejuif et l'ouvrage des Hautes-Bruyères. C'est en arrière de ce front qu'arriveront et se formeront les colonnes.

La colonne de droite, une brigade, cheminant en avant de l'ouvrage des Hautes-Bruyères, sa droite appuyée aux hauteurs de la Bièvre, aura pour mission d'occuper l'Hay, point que j'ai lieu de croire très-solidement défendu par des levées de terre, de l'artillerie et de l'infanterie. Cette brigade s'y tiendra pendant tout le cours de l'opération qu'elle est essentiellement chargée de couvrir contre des retours venant de la droite par la route de Sceaux.

Une seconde colonne qui pourra être d'un régiment seulement occupera Chevilly, qui est à peu près dans les mêmes conditions de défense que l'Hay, et devra également y demeurer pendant toute l'opération. Une colonne spéciale, débouchant de Villejuif par la grand'-route, ira occuper le point où cette grand'-route coupe le chemin de Chevilly à Choisy-le-Roi par Thiais. Il y a là une patte d'oie qu'il faut tenir. Le reste d s troupes disponibles, moins la brigade gardée en réserve, formera une grosse colonne dont l'objectif sera Thiais et Choisy-le-Roi. Cette colonne cheminera par le plateau en avant du Moulin-Saquet s'appuyant aux pentes de gauche. Aucune colonne ne sera engagée sur la route de Vitry à Choisy-le-Roi, qui est enfilée par l'artillerie.

Il a été entendu avec le général Vinoy que l'ensemble de ces troupes serait formé par la division Maud'huy, une brigade du général Blanchard, une brigade du général d'Exéa et les bataillons de mobiles disponibles. Des ordres de détail très-précis où entreront la fixation des heures et le calcul de la durée de la marche de chaque groupe, seront donnés à la réunion qui aura lieu aujourd'hui chez le général Vinoy. Les brigades des divisions Blanchard et d'Exéa, qui concourront à l'entreprise, devront faire leur mouvement sans bruit, ce soir à la chute du jour, les chemins reconnus et les vivres pris. Elles coucheront toutes deux à portée de leur débouché du lendemain. La brigade de la division d'Exéa *sera tenue en réserve pendant toute la durée de l'opération*, en un point convenablement choisi. La brigade restant au général Blanchard devra se borner à faire, par des tirailleurs convenablement soutenus, une reconnaissance telle que celles qu'on exécute journellement sur les hauteurs de Châtillon. La brigade restant au général d'Exéa et sa cavalerie se tiendront pendant l'opération en avant du fort de Charenton, la droite du côté de Maisons-Alfort, la gauche vers Créteil, chargée d'enlever la ferme des Mèches, qui paraît seule occupée par l'ennemi. La cavalerie battra la plaine, en évitant de se masser. Le général d'Exéa ne pourrait pousser plus loin dans la plaine, du côté de Choisy-le-Roi, sans compromettre très-inutilement son effectif, par le feu des défenseurs de ce dernier point et de Montmesly. Son opération latérale, comme celle du général Blanchard, n'est qu'une démonstration à distance.

OBSERVATIONS GÉNÉRALES

Des renseignements qui se succèdent autour de moi, il résulte que l'ennemi occupe très-solidement la ligne de l'Hay à Choisy-le-Roi en passant par Chevilly, la ferme de la Saussaie et Thiais. C'est une sorte de ligne fortifiée qui couvre les grands mouvements de troupes et de convois que l'armée allemande fait entre Villeneuve-Saint-Georges et Versailles. Il y a donc tout lieu de croire que cette ligne sera difficile à enlever par des troupes qui se présentent devant elles sur un plateau découvert. Des pertes considérables et hors de proportion avec le but de l'opération peuvent s'ensuivre, j'ai donc décidé qu'elle ne serait abordée qu'après *que le feu de tous les forts et ouvrages qui ont des vues sur ces villages aurait eu son cours pendant une demi-heure, à la pointe du jour*. Des ordres précis seront donnés en conséquence par le général Vinoy, au fort de Charenton, qui battra Choisy-le-Roi, au fort d'Ivry, qui voit à présent le pont de Choisy-le-Roi, au fort de Montrouge, qui a des vues sur l'Hay, enfin aux ouvrages du Moulin-Saquet et des Hautes-Bruyères, qui utiliseraient pour cet objet leurs pièces de 12.

Après une demi-heure (montre en main) de ce feu d'artillerie qui ne devra pas être précipité, l'infanterie commencera son mouvement ne montrant que des tirailleurs et des canons gardés par des détachements couchés. Les masses seront dissimulées derrière les plis de terrain, et je répète qu'elles ne pourraient être montrées sur ce plateau découvert sans courir la chance de pertes très-considérables.

L'opération devra être habilement conduite, *la retraite devra se faire en bon ordre*, le terrain à parcourir étant très-peu étendu. Les troupes désignées à l'avance pour cet objet réoccuperont en passant le Moulin-Saquet, Villejuif et les Hautes-Bruyères, avec le canon qui garnit les positions.

Paris, le 29 septembre 1870.

Le Gouverneur de Paris, Général TROCHU.

En conséquence, quatre colonnes d'attaque furent formées : l'une composée d'une brigade devait attaquer directement l'Hay, en suivant la crête des pentes de la vallée de la Bièvre, une autre, à gauche, également d'une brigade, devait attaquer Thiais et Choisy-le-Roi, en suivant les pentes ouest de la vallée de la Seine. Enfin les colonnes du centre, formées chacune d'un régiment, devaient attaquer, l'une le village de Chevilly, l'autre le carrefour des routes n°s 67 et 7.

A l'extrême droite, sur la rive gauche de la Bièvre, une brigade devait faire des démonstrations pour appuyer l'attaque de l'Hay.

Le but avoué de la sortie que l'on a appelé reconnaissance offensive, était de s'emparer de Choisy-le-Roi, de chercher à parvenir jusqu'au pont et de le détruire. De quel pont veut-on parler? Ce ne peut être de celui qui a été détruit avant l'arrivée de l'armée allemande; il s'agissait donc alors d'un pont de bateaux que celle-ci avait établi en remplacement de l'ancien pont démoli. Mais un pont de bateaux peut se replier en moins de temps qu'on n'en met, en général, à s'emparer d'une tête de pont organisée solidement au moyen de deux villages dont l'un occupe la crête des hauteurs environnantes. Il fallait donc dans ce cas qu'une attaque fut poussée également à fond par la rive droite de la Seine. Aussi le général commandant les troupes d'opération avait-il réservé deux brigades pour opérer de ce côté, mais, au lieu de les diriger sur l'objectif, on leur donnait au contraire une direction divergente, vers la ferme des Mèches, qui à cette époque était encore occupée par l'armée allemande.

On avait en outre soutenu l'attaque principale par une brigade qui fut placée en arrière du Moulin-

Saquet, *mais devait y rester pendant toute la durée de l'opération.*

Le coup de main sur Choisy-le-Roi en se maintenant à distance sur les autres points, pouvait avoir une très-grande importance s'il réussissait, et, en cas d'échec, n'entraînait pas de pertes considérables ; mais les attaques de l'Hay et de Chevilly étaient inutiles dès qu'elles n'avaient pas d'autre but que d'appuyer celle de Choisy-le-Roi.

Si l'on voulait s'emparer de toute la ligne formée par la route n° 67, entre la Seine et la Bièvre, il fallait réunir des forces proportionnées à l'étendue du champ de bataille, et essayer de tourner les obstacles que l'on ne doit en général, surtout avec les armes actuelles, attaquer directement que quand il est tout-à-fait impossible d'en agir autrement, et que le point à enlever a une valeur proportionnée aux pertes probables.

Ici se présente encore une question qui peut être sujet à controverse ; nous voulons parler des systèmes connus et recommandés pour l'attaque de points fortifiés. Dans beaucoup d'ouvrages militaires on trouve que l'artillerie doit d'abord cribler les villages, fermes, châteaux, ou points fortifiés quelconques de ses projectiles, et que ce n'est qu'ensuite que l'infanterie doit attaquer.

Tout ce qui est dit à ce sujet se rapporte à une armée placée sur un champ de bataille, opérant en plein jour et à la vue du défenseur, c'est en un mot une attaque de vive force. Mais dans une place assiégée, il n'en est plus de même : il faut au contraire éviter tout ce qui pourrait donner l'éveil à l'ennemi ; on doit toujours chercher à le surprendre de manière à ne pas avoir des pertes inutiles qui affaiblissent l'armée assiégée sans qu'elle eût des moyens pour y parer, et il est incontestable qu'en ce qui concerne le siége de Paris comme un siége quelconque d'ailleurs, une canonnade, quelque courte qu'en soit la durée, remplit mieux l'office des avant-postes que ceux-ci eux-mêmes. Les projectiles pleuvant plus que de coutume, éveillent beaucoup plus sûrement que le clairon ou le cri *aux armes!* Chacun alors se prépare, l'attention des avant-postes est doublée; le défenseur a le temps de réfléchir et attend l'attaque avec toutes les chances pour lui. Nous ne voulons pas discuter la vigilance des postes allemands qui laissait quelquefois à désirer; nous ne voulons pas dire davantage que l'armée allemande eût été battue, si on l'eût attaquée la nuit, comme quelques-uns le prétendent, mais ce qui est incontestable, c'est que quand l'ennemi n'est pas sur ses gardes et qu'une attaque est dirigée de façon à aborder l'obstacle au point du jour, le défenseur perd une partie de ses avantages, particulièrement la qualité de son feu, ce qui augmente d'autant les chances de l'assaillant.

Pour en revenir à la reconnaissance du 30 septembre, comme l'ordre en avait été donné, lorsque l'artillerie put apercevoir les objectifs qui lui avaient été désignés, elle dirigea sur eux une vive canonnade, Charenton et Ivry tirant sur Choisy-le-Roi et Thiais, Montrouge sur l'Hay.

Au bout d'une demi-heure, vers 6 heures du matin, les forts cessèrent de tirer, et les colonnes se mirent en marche. Celle qui se dirigeait sur Chevilly exécuta son mouvement avec beaucoup d'entrain, et arriva vivement sur le village. Le régiment formant la colonne d'attaque contre ce dernier, vint se heurter au mur crénelé du grand parc situé au nord-ouest; il parvint jusqu'au pied du mur, ayant à peu près surpris les défenseurs que le canon n'avait pas éveillés, puisqu'aucun fort n'aperçoit le village, et que par suite aucun tir n'avait été dirigé sur ce point. Le mur étant très-élevé et très-solide, et les troupes n'ayant pas d'outils, ce régiment dut appuyer à gauche et pénétrer par les rues dans l'intérieur du village, que les Allemands abandonnèrent. Quant au régiment formant la colonne d'attaque du carrefour des routes n°s 67 et 7, il marcha d'abord sur ce point, mais recevant des projectiles sur son flanc droit, il appuya sans s'en apercevoir un peu à droite, et, le carrefour ayant été évacué, vint attaquer le parc du séminaire du Saint-Esprit situé au sud-est de Chevilly. Sur la face est de ce parc, vis-à-vis l'attaque, est une large porte qui jusqu'alors n'avait pas été barricadée, et donna accès dans l'intérieur, de sorte que la partie des troupes qui se trouvait en arrière du mur longeant la route n° 67 se trouvant débordée, dut se replier assez précipitamment.

Tout le village était aux Français, il fallait alors abandonner l'attaque de front de l'Hay qui n'eût jamais dû avoir lieu, et se borner à faire soutenir la colonne qui venait de s'emparer si heureusement de Chevilly, en attendant que des renforts pussent arriver. On devait immédiatement s'installer dans le village tout en se tenant prêt à déboucher aussitôt que possible, de manière à attaquer de revers le village de la Rue, tournant du même coup les défenses de l'Hay.

L'attaque sur Choisy-le-Roi devait être arrêtée, et on devait faire appuyer cette colonne vers la droite de manière à soutenir Chevilly, sauf à prendre à revers aussitôt que possible les défenses de Thiais et de

Choisy-le-Roi, puisque le passage était ouvert au centre.

Toutes les réserves devaient être appelées immédiatement au point central pour, de là, être distribuées où le besoin se ferait sentir. Nul doute que si la quantité de troupe employée eût été proportionnée à l'étendue du terrain d'action, on eût pu, non pas détruire le pont de Choisy-le-Roi qui n'existait plus depuis longtemps, mais forcer l'ennemi à évacuer la ligne entière de la Seine à la Bièvre suivant la route n° 67.

Mais, comme nous l'avons vu, les deux colonnes du centre ne formaient qu'une seule brigade, chacune des colonnes des ailes n'était elle-même composée que d'une brigade ; il y en avait bien deux en réserve dont une de cavalerie, et trois composant les colonnes extrêmes à droite et à gauche, mais l'une des deux premières devait rester immobile jusqu'à la fin de l'action (Ordre du gouverneur de Paris), et les trois qui étaient destinées aux attaques extrêmes avaient une rivière à traverser avant de pouvoir arriver sur le point décisif ; il ne restait donc disponible que la brigade de cavalerie qui avait, à la vérité, un terrain propice entre Chevilly et Thiais, mais qui fut employée ailleurs.

Et ne perdons pas de vue la description qui a été donnée du parc du séminaire du Saint-Esprit, où l'on peut remarquer que les faces est et ouest sont entourées d'un mur en avant duquel est un fossé large et profond, dont la terre a servi à former en arrière, une sorte de terrasse élevée de 2m à 2m50 au-dessus du niveau du parc, et qu'en outre le fossé est précédé d'une haie vive formant une défense accessoire naturelle, et qu'enfin la terrasse longeant le mur est plantée de deux rangées d'arbres assez gros pour couvrir un homme. Quant à la face sud, elle présente un fossé beaucoup plus large et plus profond, ayant fourni la terre pour une terrasse en arrière du mur de 4m d'épaisseur. C'était donc une redoute toute préparée même contre l'artillerie qui pouvait, il est vrai, ricocher les faces, mais contre laquelle il y avait des moyens de se garantir, du moins à cette époque où les travaux en arrière n'existaient pas encore ou n'étaient qu'ébauchés.

Toujours est-il qu'au lieu de diriger immédiatement des renforts pour assurer au moins la possession de Chevilly, point central d'où l'on pouvait se rabattre à droite ou à gauche à volonté, on laissa chaque colonne faire son attaque particulière : celle de gauche, qui avait d'abord pris pour point de direction Thiais, se divisa en deux parties, l'une qui réussit à s'emparer de la barricade située à l'entrée de Choisy-le-Roi, sur la route n° 51, et des deux pièces de canon qui étaient derrière cette barricade, mais s'arrêta au lieu de continuer sa marche. L'autre partie vint se heurter au mur des fermes de Thiais dont elle ne put s'emparer. L'attaque de Choisy-le-Roi était inutile tant qu'on ne possédait pas Thiais, mais dès qu'elle avait été tentée et qu'elle avait réussi, il eût fallu la pousser à fond en faisant soutenir et même relever les troupes d'attaque qui au bout d'un certain temps sont toujours fatiguées. La grande avenue formée par la route n° 51 traversant le village, est bordée de chaque côté de rangées de gros arbres facilitant aussi bien l'attaque que la défense. Le grand talent d'un général, nous l'avons déjà dit, est de tout prévoir, et de disposer ses troupes de façon à pouvoir toujours parer à toutes les éventualités, même les plus improbables, comme à profiter de toutes les chances qu'offre la fortune. Comme nous venons de le dire, la possession de Choisy-le-Roi sans Thiais n'était pas possible, mais étant données des circonstances telles qu'au même moment Chevilly était occupé par les troupes françaises, les défenseurs de Thiais l'eussent abandonné d'eux-mêmes fort probablement avant d'y être contraints par les mouvements de revers pouvant partir de ces deux points à la fois.

Quand nous parlons de la possession d'un point, nous entendons dire la possession quand même, sans que l'ennemi puisse vous attaquer avec des avantages trop marqués ; seulement n'oublions pas que le temps marche très-vite pendant un combat, qu'il faut poursuivre l'ennemi sans relâche pour ne pas lui donner le temps de la réflexion, en particulier dans les villages. En général on ne peut compter rallier des fuyards, si l'assaillant les poursuit de près ou leur envoie des projectiles. Ce n'est qu'à couvert que l'esprit se ranime, que la réflexion revient et que le sentiment du devoir peut reprendre son empire sur la matière naturellement craintive. De même que le plateau d'Avron était tenable le jour où on l'a pris, parce que pour le rendre inhabitable il fallait des préparatifs assez longs, de même Choisy-le-Roi était tenable au moment de l'attaque, quand même Thiais eût été à l'armée allemande, parce qu'il fallait des préparatifs pour attaquer de flanc et de front.

La colonne de droite avait marché sur l'Hay, mais elle fut arrêté par la bonne défense du village, et au lieu de la faire appuyer à gauche, en découvrant au besoin les Hautes-Bruyères dont on eût ainsi dégagé le champ de tir, on lui ordonna de brusquer son attaque.

L'armée allemande ayant laissé enlever Chevilly sentit de suite l'importance de cette perte. Aussi, les défenseurs de l'Hay ayant brisé la fougue de l'assaillant furent dirigés en partie sur Chevilly, de manière à aider les réserves attaquant au même moment ce village. L'artillerie française essaya bien de rompre cette colonne, mais l'effet moral était déjà produit, et amenait l'évacuation de Chevilly. Si la colonne de droite eût appuyé pour se relier aux colonnes du centre, elle eût empêché ce semblant de mouvement tournant, et permis de cribler l'Hay où arrivaient les troupes disponibles de la rive gauche de la Bièvre. La brigade française qui était dans Chevilly eût repris courage et eût peut-être résisté avec succès aux attaques des Allemands, au moins le temps nécessaire pour que des renforts pussent arriver, et permettre les mouvements à revers sur l'Hay et Thiais.

Mais, aucune réserve n'ayant été préparée pour faire soutenir les colonnes d'attaque, les troupes assaillantes commencèrent à plier. C'est alors que le général Guilhem, désespéré probablement de voir perdre les fruits d'une attaque aussi brillante qu'avantageuse, mais il est vrai au moyen de sacrifices considérables, et ne voyant aucun moyen de remédier à un état de choses aussi déplorable, se porta en avant avec son officier d'ordonnance.

Tous deux disparurent.

L'ordre de la retraite arrivait vers le même moment, et celle-ci s'effectua malgré la mort du chef et sous un feu d'artillerie écrasant, avec un ordre qui prouvait la valeur de cette brigade.

Vers 9 heures du matin, toutes les troupes étaient rentrées dans les lignes françaises. L'artillerie continua à tirer de part et d'autre, les Allemands sur Villejuif, les Français sur l'Hay et Chevilly de la redoute des Hautes-Bruyères.

Vers 10 heures du matin tout était rentré dans le calme, mais les pertes étaient sensibles : le général Guilhem était resté mortellement frappé entre les mains de l'ennemi et avec lui étaient tombés sur les différents points d'action près de 2,000 hommes tués ou blessés. Le résultat obtenu était nul quoi qu'on en veuille dire; les seules troupes qui n'avaient pas besoin d'être aguerries avaient fourni leur contingent de braves.

L'armée allemande ne pouvait qu'admirer la conduite des adversaires qui venaient de s'emparer de Chevilly, et si elle ne pouvait rendre hommage en particulier à chacun des braves qui étaient tombés sous ses coups, elle le fit pour tous en rendant au général qui les avait commandés, et qui avait payé de sa vie son brillant succès, les honneurs militaires, en même temps qu'elle remettait aux autorités françaises, dans un cercueil « recouvert de verdure et de fleurs » les restes honorables du chef.

Aussitôt le combat terminé, des armistices furent conclus afin de pouvoir remplir vis-à-vis des victimes les devoirs de l'humanité.

Dès que les dernières traces des combats eurent disparu, chacun s'empressa de remettre en état tous les ouvrages qui avaient souffert, ou d'en construire de nouveaux, de manière à renforcer les points qui avaient été reconnus faibles. L'armée allemande commença immédiatement des travaux destinés à relier solidement Chevilly et la Rue, de manière à ne faire de ces deux derniers villages et de celui de l'Hay, qu'une même masse défensive dans laquelle il fût permis de communiquer à couvert autant que possible. A cet effet, une forte tranchée fut établie le long et en avant de la route n° 67, dans l'intervalle entre Chevilly et la Rue, de manière à couvrir les communications entre ces deux villages; cette tranchée fut plus tard entièrement transformée et sur son emplacement furent établies les batteries nos 9, 10 et 11.

L'armée française, de son côté, ne négligea rien pour rendre ses positions inabordables, et, vu l'importance de la ligne formée par la redoute des Hautes-Bruyères, le village de Villejuif et la redoute du Moulin-Saquet, la couvrit en avant par une tranchée défensive large et profonde, de manière à garantir ces positions contre les éventualités. Cette nouvelle ligne de défense d'abord exécutée depuis le petit mamelon du Moulin d'Argent Blanc jusqu'aux pentes de la vallée de la Bièvre, fut prolongée plus tard jusqu'à la Seine, en passant en avant de Vitry, et du côté opposé jusqu'à Cachan, après l'enlèvement de ce point le 7 octobre.

De part et d'autre, on aperçoit les travailleurs, mais pendant quelque temps, une convention tacite semble exister, chacun laissant faire pour éviter d'être troublé à son tour.

Des engagements eurent souvent lieu entre les avant-postes, ce qui se comprend facilement à cause de leur rapprochement. La canonnade reprit également au bout d'un certain temps, afin d'inquiéter les camps des troupes allemandes qui étaient à bonne portée. Mais, comme nous l'avons vu, les Allemands avaient remédié au défaut de leur position en établissant des abris blindés où leurs troupes étaient aussi à couvert que possible, aussi bien contre les intempéries de la saison que contre les projectiles ennemis. Sauf le 21 octobre, où la canonnade fut beaucoup plus intense que de coutume dans le but de faire une démonstration pouvant faciliter la reconnaissance dirigée sur la Malmaison, rien de bien saillant ne se passa jusqu'au 29 novembre.

Combats de l'Hay et de la Gare-aux-Bœufs.

La sortie dont nous avons parlé dans la première partie, et qui primitivement devait avoir lieu le 29 novembre, était à peu près décidée depuis huit jours. En ce qui concerne la troisième partie des travaux d'investissement, il ne devait y avoir que des diversions.

A cet effet, la Gare-aux-Bœufs, située en avant de Choisy-le-Roi, et le village de l'Hay devaient être attaqués le 29 au matin, et après s'être emparés de ces points, on devait les organiser défensivement, ainsi qu'il résulte de l'ordre ci-après que nous empruntons à l'ouvrage de M. le général commandant la troisième armée de Paris.

ORDRE.

Le général commandant la troisième armée prendra, pour la journée du 29 novembre, le commandement spécial de toute la rive gauche de la Seine, depuis Issy jusqu'au Port-à-l'Anglais.

Les troupes qui seront réunies sur ces positions sont celles dont le détail suit, savoir :

La division de Maud'huy, qui conservera sa position à Saquet et aux Hautes-Bruyères.

Trois bataillons mobiles de Seine-et-Oise, quatre

bataillons mobiles de la Somme (général Corréard), Montrouge, Vanves, Issy.

Un groupe de quatre bataillons mobiles, Indre, Puy-de-Dôme, Marne, Somme, à Ivry et Vitry.

Ces quatre bataillons seront placés sous les ordres de l'amiral Pothuau.

En sus de ces troupes, le gouverneur enverra au général commandant la troisième armée quelques bataillons de guerre de la garde nationale, qui seront également sous les ordres du contre-amiral Pothuau. Enfin cet officier général fera sortir des forts d'Ivry, Bicêtre, Montrouge, tous les marins qu'il pourra rendre disponibles, dans le but de concourir à l'opération dont l'indication sera donnée ci-après :

DISPOSITIF D'ARTILLERIE.

Les batteries dont le détail suit sont établies, armées et approvisionnées depuis Vitry jusqu'à Issy.

PIÈCES DE POSITION.

VITRY.

1° Batterie du chemin de fer (Vitry), trois obusiers de 0^m22 sur affûts marins (obusiers en fonte de 80) ;

2° Batterie de la Pépinière (Vitry), six obusiers de 0^m22 sur affûts marins.

Ensemble complété par les deux canons de 0^m14 sur truc blindé, par le feu des canonnières et par les sept pièces de droite (deux de 0^m19, trois de 0^m16 et deux de 24) voyant Choisy, Thiais et les hauteurs en arrière du fort de Charenton.

MOULIN-SAQUET.

1° Quatre pièces de 24 court ;

2° Six pièces de 12 de siége.

ENTRE LE MOULIN-SAQUET ET VILLEJUIF.

Epaulements prêts pour des batteries divisionnaires.

VILLEJUIF.

A la barricade, au bout du village, emplacement pour deux pièces divisionnaires.

ENTRE VILLEJUIF ET LES HAUTES-BRUYÈRES.

1° Six pièces de 12 de siége;
2° Mitrailleuses divisionnaires.
(Avec des vues sur Chevilly, entre Chevilly et l'Hay, et entre Chevilly et Thiais.

HAUTES-BRUYÈRES.

1° Six pièces de 24 court;
2° Trois pièces de 0m16 de la marine;
3° Six pièces de 12 de siége.
(Avec des vues directes sur Thiais par une pièce de 0.16 et des pièces de 24, sur Chevilly, l'Hay et un peu à droite.)

Epaulement à droite du fort et au-dessous du flanc droit pour pièces divisionnaires voyant la partie déclive de l'Hay.

BATTERIE DE L'AQUEDUC D'ARCUEIL.

Deux pièces de 24 court prenant à revers l'Hay et voyant la vallée de la Bièvre, Bourg-la-Reine et Sceaux.

RIVE GAUCHE DE LA BIÈVRE EN AVANT DE LA MAISON MILLAUD.

Epaulement pour six pièces divisionnaires;
Cavalier pour trois pièces divisionnaires ayant des vues sur l'Hay, Sceaux et Bourg-la-Reine;
Sur les glacis de Montrouge, une batterie de six pièces en voie d'exécution.

ENTRE MONTROUGE ET VANVES

Deux batteries de trois pièces chacune, armées de 24 long, ayant des vues sur Bagneux et Châtillon.

ENTRE VANVES ET ISSY

1° Batterie de six pièces armée de 24 long (batterie crémaillère dépendant de Vanves) ayant des vues sur Bagneux et Châtillon ;

2° Batterie de six pièces 24 long de la station de Clamart, dite batterie du chemin de fer, dépendant d'Issy (mêmes vues).

A DROITE DU FORT D'ISSY

1° Batterie du cimetière, deux pièces de 24 long (même objectif) ;

2° Batterie du château d'Issy, trois embrasures, deux pièces de 24 court (vues sur Meudon et Brimborion).

Le général commandant la troisième armée prendra toutes les dispositions nécessaires pour attaquer la Gare-aux-Bœufs de Choisy-le-Roi et le village de l'Hay, le 29 novembre au point du jour.

Cette attaque, faite avec les troupes et l'artillerie dont le détail a été donné ci-dessus, sera appuyée en outre par deux pièces de marine de 0m19 établies au fort de Charenton et ayant des vues sur Choisy, Thiais, et les positions en avant, ainsi que par des canonnières blindées remontant la Seine.

L'administration du chemin de fer d'Orléans organise deux pièces blindées accouplées sur wagons qui seront amenées sur la voie du chemin de fer, de manière à arriver en avant de Vitry.

L'opération d'attaque des positions par les troupes *sera précédée par une canonnade des plus vives et des plus intenses* de toutes les batteries établies sur le parcours de Vitry à Issy, de manière que les points occupés par l'ennemi aient été écrasés de feux avant l'entrée en ligne de l'infanterie.

L'attaque n'aura lieu que par le déploiement de bandes de tirailleurs qui se porteront, le plus rapidement possible et sans tirer, sur les points à occuper.

Ces tirailleurs seront soutenus par une première réserve, *qui se tiendra en arrière de la ligne déployée* et hors de la portée des feux de l'ennemi. Elle sera placée cependant de manière à pouvoir appuyer le mouvement de la première ligne ; on devra profiter de tous les plis du terrain pour la masquer, et en particulier du chemin un peu encaissé qui va directement de la droite des Hautes-Bruyères à l'Hay.

Les secondes réserves seront tout-à-fait hors de la portée du feu.

En résumé ce n'est que par un effort successif de tirailleurs que l'occupation des points signalés doit avoir lieu. C'est en s'abstenant de montrer des masses à découvert et de les établir dans des villages et des groupes de maisons où le feu de l'ennemi arrive, qu'on évite les grandes pertes.

Les troupes s'installeront à la Gare-aux-Bœufs et à l'Hay, après s'en être emparées, et s'y mettront immédiatement en état de défense, en employant pour cet objet les batteries divisionnaires du général de Maud'huy.

La division Faron quittera ses positions le lundi 23 novembre après la soupe du matin, et la division Malroy le même jour à la nuit close.

Il importe, en conséquence, que le général commandant la 3e armée donne des ordres aux généraux de Maud'huy et Corréard et au contre-amiral Pothuau, pour qu'ils aient à observer ce mouvement et à se placer en temps opportun sur les positions évacuées.

Les troupes de la troisième armée devront prendre position au milieu des troupes de la division Malroy, dès le lundi matin 28 novembre.

Paris, le 26 novembre 1870.

Signé : Général TROCHU.

Afin d'éviter des pertes inutiles, et au lieu de prévenir l'ennemi par une « canonnade vive et intense, » le général commandant la troisième armée donna ses ordres de manière que les colonnes d'attaque passent assaillir les points à enlever un peu avant le jour.

Comme cela devait être, le mouvement réussit pleinement. Une brigade de ligne, soutenue par les mobiles du Finistère, fut chargée de l'attaque de l'Hay, et une division, soutenue par quatre bataillons de garde nationale mobilisée, de l'attaque de la Gare-aux-Bœufs.

Les troupes chargées de l'attaque de l'Hay se portèrent avec entrain sur l'ennemi, et purent aborder sans trop de perte les positions avancées, malgré un feu très-vif, mais rendu tout-à-fait incertain par l'obscurité.

L'attaque avait été limitée à peu près par la route n° 66 à gauche et le chemin de grande communication de Cachan à l'Hay à droite. Le cimetière et les quelques maisons situés en avant du village proprement dit, le long de ce dernier chemin, étaient entre les mains des assaillants vers 8 heures du matin, ainsi que les travaux défensifs formés avec les terres provenant de l'établissement du canal de dérivation de la Vanne, dont nous avons donné la description. Mais à partir de cet instant il fallait opérer à découvert et en plein jour. Le défenseur reprenait alors ses avantages. Les parcs formant la tête du village furent défendus avec une vigueur extraordinaire que les assaillants ne purent décourager. Aucune réserve n'avait été préparée et les troupes étaient déjà fatiguées.

D'autre part, le général commandant la troisième armée était enfin informé que l'attaque principale n'avait pu avoir lieu, aussi donna-t-il l'ordre de la retraite qui s'exécuta vers 10 heures 1/2 sans être inquiétée par l'ennemi, fait que nous avons déjà signalé relativement à l'attaque du parc de Villiers (1re partie).

Du côté de Choisy-le-Roi, tout s'était passé de la même façon. La Gare-aux-Bœufs, vivement attaquée par les fusiliers marins un peu avant le jour, fut enlevée sans coup férir et avec des pertes insignifiantes. La retraite s'exécuta d'après les ordres reçus à peu près au même moment que celle de la colonne de l'Hay.

Les troupes ayant attaqué ce dernier point avaient dû combattre à découvert à partir du point du jour, contre un ennemi en position ; aussi les pertes furent-elles sensibles de ce côté, et s'élevèrent à près d'un millier d'hommes. Ce fait démontre de nouveau le prix d'une attaque faite à découvert et en plein jour.

Un armistice permit l'enlèvement des blessés résultant de cette affaire et tout rentra dans l'ordre ordinaire.

Le lendemain eût enfin lieu la sortie sur Villiers et Cœuilly. Une diversion fut tentée, ainsi que nous en avons rendu compte dans la 1re partie, par une division sur le Montmesly, de manière sinon à prendre à revers les défenses de Chennevières, du moins à empêcher l'ennemi, grâce à la position dominante du mamelon, de prendre en flanc les batteries placées dans la boucle de la Marne. Cette diversion réussit d'abord. Le Montmesly fut enlevé et conservé par les troupes françaises, mais l'armée allemande ne lâchait pas prise aussi facilement et prit aussitôt ses dispositions pour écraser au moyen de son artillerie les troupes établies sur le mamelon, en même temps qu'elle dirigeait des colonnes de Choisy-le-Roi vers le carrefour Pompadour, de manière à les faire attaquer sur leur flanc, en même temps que d'autres colonnes attaqueraient de front.

Le général en chef de la troisième armée de Paris jugea opportun, quoique sans ordre, de faire une forte démonstration, de manière à dégager les troupes du Montmesly, et à leur permettre de faire en bon ordre une retraite commencée déjà avec un peu de pré-précipitation.

A cet effet, la division qui avait déjà opéré le 29 contre la Gare-aux-Bœufs, et qui n'avait subi que des pertes insignifiantes, fut chargée de marcher sur le même point, et d'attaquer ensuite Choisy-le-Roi, pendant qu'une brigade qui n'avait pas donné la veille attaquerait Thiais.

Vers 1 heure les mouvements commencèrent. La Gare-aux-Bœufs fut enlevée assez vivement ainsi qu'une maison située sur la route n° 51 en avant du village, mais les mouvements contre Choisy-le-Roi lui-même furent tout-à-fait infructueux.

L'attaque de Thiais ne réussit pas davantage, mais le résultat cherché était obtenu. La colonne qui marchait vers le carrefour Pompadour sur la rive droite de la Seine, s'était arrêtée ainsi qu'une autre colonne se dirigeant de la Bièvre vers Choisy-le-Roi. La division qui avait occupé Montmesly put alors exécuter sa retraite sans être trop inquiétée.

La Gare-aux-Bœufs qui n'était qu'un avant-poste allemand, était au pouvoir des Français, mais comme elle n'était pas d'une utilité incontestable, des ordres furent donnés pour son évacuation qui eut lieu vers 8 heures du soir, l'obscurité étant complète.

Les Allemands firent plus tard sauter la Gare-aux-Bœufs, mais la date de l'explosion n'est rien moins que certaine. Quel fut leur but? on ne peut le trouver. Toujours est-il que l'évacuation ayant été discutée entre l'amiral commandant la division d'attaque et le général en chef commandant la troisième armée, et que ce dernier ayant naturellement imposé son opinion qui était d'ailleurs, nous le croyons, la meilleure, donne à la destruction de ce bâtiment la date du 30 novembre à minuit, c'est-à-dire 4 heures après l'évacuation par les troupes françaises, *évacuation ignorée des Allemands,* tandis que l'amiral ne la fait sauter que le 27 décembre dans la nuit, et après avoir été réoccupée pendant ces 27 jours par les Allemands ?

Jusqu'à la fin du siége il ne se passa plus rien de saillant jusque vers le commencement de janvier, où furent démasquées les batteries de bombardement établies entre Chevilly et l'Hay et dans ce dernier village même.

En résumé, nous voyons que toutes les affaires qui ont eu lieu dans cette troisième partie sont, comme toujours, des affaires décousues où chacun opérait pour son compte, sans qu'il fût possible au général commandant les troupes de rien changer au mode adopté. On a vu souvent réussir, à ce que rapporte l'histoire militaire, les attaques qui offraient les chances les moins probables, tant par rapport au petit nombre de troupes qui les composaient que par rapport aux difficultés du terrain ; mais, en général, ce qu'on a appelé des diversions, était disposé de façon à pouvoir profiter des avantages offerts par la fortune.

Nous ne voulons pas pousser plus loin la discussion sans connaître exactement toutes les raisons qui ont fait adopter tel ou tel système, raisons qui peuvent nous être tout-à-fait inconnues.

Nous verrons dans la quatrième partie les défenses de la vallée de la Bièvre à la vallée de Sèvres, et nous résumerons les diverses phases du combat de Châtillon, le 19 septembre, y compris les particularités de l'abandon du château de Meudon encore occupé à 8 heures du soir.

FIN DE LA TROISIÈME PARTIE.

Charleville, Typographie et Lithographie de A. Pouillard.

Charleville, Typographie A. Pouillard.

www.ingramcontent.com/pod-product-compliance
Ingram Content Group UK Ltd.
Pitfield, Milton Keynes, MK11 3LW, UK
UKHW012241240726
13966UKWH00003B/1209